C.W.A Balck

Zur Geschichte und Vererbpachtung der Domanial-Bauern in Mecklenburg-Schwerin

C.W.A Balck

Zur Geschichte und Vererbpachtung der Domanial-Bauern in Mecklenburg-Schwerin

ISBN/EAN: 9783743432215

Hergestellt in Europa, USA, Kanada, Australien, Japan

Cover: Foto ©ninafisch / pixelio.de

Weitere Bücher finden Sie auf **www.hansebooks.com**

Zur Geschichte und Vererbpachtung der Domanial-Bauern in Mecklenburg-Schwerin

von

C. W. A. Balck,
Revisionsrath.

Zweite Auflage.

Schwerin,
Stiller'sche Hofbuchhandlung.
(Meyer & Ritter.)
1869.

Vorwort.

Bald nachdem durch Allerhöchstes Rescript vom 16. November 1867 die allgemeine Vererbpachtung unserer Domanial-Bauern bestimmt war, fühlte Herr Moritz Wiggers zu Rostock sich veranlaßt, die vorgezeichneten Principien in einer Brochüre „über die Vererbpachtung ꝛc. 1868" seiner Kritik zu unterziehen. In der Einleitung sagte er wörtlich, daß man eines Theils die dadurch für die Betheiligten entstehenden vermehrten Lasten, andern Theils die daraus sich ergebenden Vortheile für die Großherzoglichen Kassen in Zahlen kennen müsse. Also vom Vortheil der Betheiligten kein Wort! Stellte sich hierdurch seine Schrift schon von vorn herein auf einen ganz einseitigen, zu unpartheiischer Abwägung völlig ungeeigneten Standpunkt, so kommt hinzu, daß er mit lauter unbekannten Größen rechnete, daß er unsere domanialen Zustände nur aus Büchern, nie in practischer Thätigkeit und aus eigner Anschauung kennen gelernt, und vor Allem, daß er sie immer nur durch die trübe Brille des Vorurtheils betrachtet hat. Was nun aus der Feder des Herrn Wiggers hervorging, war deshalb im Voraus zu erwarten: eine Reihe gewagter Hypothesen, maaßloser Exempel!

Besser orientirte Stimmen (Mecklenburgische Anzeigen Nr. 125, 127, 136 v. J.) versuchten dagegen, dem Herrn Moritz Wiggers und seinem Anhange auf Grund amtlicher Vorlagen die Augen zu öffnen und die Sache in das rechte Licht zu stellen.

Vergeblich! Herr Moritz Wiggers, der langjährige bewährte Parteiführer durfte eine erlittene Schlappe nicht eingestehen, und hat nun in einer neuen Brochüre „Reform der bäuerlichen Verhältnisse ꝛc. 1869", nicht nur den früheren unbegründeten Behauptungen neue hinzugefügt, sondern selbst den Beweis angetreten für seine Ansicht, daß die Pachthufen der Bauern nebst herrschaftlichen Gebäuden und Hofwehren von jeher ihr eigen gewesen, und deshalb bei jetziger Vererbpachtung auch unter den mildesten Bedingungen nicht erst käuflich von ihnen zu acquiriren seien!

Was die wirkliche Geschichte unserer Bauern dagegen meldet — dies darzulegen ist die Haupt-Aufgabe nachfolgender Zeilen, welche nur zum Schluß einen möglichst kurzen Rückblick auf die sonstigen, anderweitig schon hinreichend widerlegten Wiggers'schen Deductionen enthalten werden. Die besten Quellen standen uns dabei zu Gebot, besonders das bis jetzt in 4 Bänden erschienene, den Zeitraum bis zum Jahre 1300 umfassende Mecklenburg'sche Urkundenbuch und die reichen Sammlungen des uns geöffneten Geheimen Archivs. Ganz erschöpfend konnten wir letztere natürlich nicht wiedergeben, denn dazu bedarf es wenigstens so vieler Jahre, als wir jetzt nur Monate darauf zu verwenden vermochten, aber auch schon das Gewonnene wird hoffentlich genügen, unsere Absicht zu erfüllen.

Schwerin,
im Mai 1869.
    C. W. A. Balck.

Herr Moritz Wiggers behauptet in seiner „Reform der bäuerlichen Verhältnisse" uralte Besitzes- und Eigenthumsrechte unserer Bauern an Hufe, Gehöftsgebäuden, Hofwehr und Saaten, und hält deshalb die denselben bei ihrer jetzigen Vererbpachtung angesonnene selbst nur theilweise Erstattung jener Werthobjecte für durchaus ungerechtfertigt. (Seite 35, 90, 93, 94.) Für seine Ansicht beruft er sich darauf (Seite 23 bis 35), daß die alte wendische Bevölkerung bei ihren Kämpfen gegen die christlichen Eroberer fast aufgerieben und von den deutschen Einwanderern ein freies Bauernrecht herübergebracht sei, daß ferner die Reversalen von 1621 im Landesherrlichen Domanium keine Geltung erlangt, und endlich die Bauern auch über die zerstörenden Wirkungen des 30jährigen Krieges hinaus ihre früheren Rechte zu erhalten gewußt haben. — Herr Moritz Wiggers wird aber nicht verlangen, daß wir seinen Ausführungen ohne Weiteres Glauben schenken, zumal dieselben unserer eigenen Ueberzeugung so gradezu widersprechen, und darum wollen wir auf Grund unserer Landesgeschichte genau prüfen, ob und inwieweit jene sich rechtfertigen lassen.

1) **Fand unsere uralte wendische Bevölkerung bei der Christianisirung Mecklenburgs ihren Untergang?**

Daß während der blutigen Kämpfe manche Gegend unseres Vaterlandes fast zur Einöde wurde, dürfen wir nach der Natur damaliger Kriege wohl annehmen, und sehen wir geschichtlich bezeugt. So wurden i. J. 1210 (Urk. Nr. 197) deutsche Colonen auf die Insel Poel verpflanzt, weil deren wendische Urbevölkerung wegen Mangels an Lebensmitteln und an Menschen nicht mehr zum Ackerbau hinreichte; so wollten nach Urk. v. 21. Mai 1236 (Nr. 454) die Anbauer längere Zeit hindurch durchaus nicht nach Päbelin, welches beim Kampfe mit den vormals von dort verdrängten Wenden verheert war. — Ebensowenig wollen wir in Abrede nehmen, daß die durch hundertjährige Kriege aufs Aeußerste erbitterten Deutschen gewiß am Liebsten das ganze Wendenvolk auf einmal ausgerottet hätten, doch vermochten sie bei ihrer obendrein immer nur verhältnißmäßig geringen Menge das durch Sümpfe und Wälder schwer zugängliche und hart vertheidigte Land nicht zu überschwemmen, und nur allmälig ging die Eroberung vorwärts. Und als endlich das Christenthum hier auf immer siegreich eingezogen war, da finden wir nur die Grafschaft Schwerin — jetzt Städte und Aemter Schwerin, Wittenburg, Boizenburg, Crivitz, Hagenow, Neustadt — unter deutscher Herrschaft, während das ganze übrige Land von dem Sieger an den Wendenfürsten Pribislav, den Ahnherrn unseres Fürstenhauses, zurückgegeben wurde 1167. Boll, Gesch. Mecklenburgs Bd. 1, S. 90, 105; v. Rudloff, Meckl. Gesch. Bd. 1, S. 150, 220.

Zweifellos sammelten Pribislav und seine Nachfolger nun ihr treues Wendenvolk um sich, und waren bemühet, die demselben geschlagenen Wunden zu heilen, sein ferneres Gedeihen auf jede Weise zu fördern. Das Gegentheil wäre geradezu unnatürlich gewesen, und unsere Ansicht ist geschichtlich bestätigt. — So sehen wir zunächst an Pribislavs und seiner Nachkommen Umgebung einen zahlreichen wendischen Adel. Die Namen Sirizlaf Recis, Wolcowig, Wartiz, Bizpram, Germeriz, Vencegur, Radomir, Chubanze, Venciko, Woiwoto, Damascho, Paliz, Gusiz,

Uriz, Sziso, Jerbagh, Zlauteich, Chemko, Dursico, Barinz, Janeke, Gamba, Germeriz, Wenczlav, Stoislav, Neopra, Niwoper, Jo, Dargaz, Jaroszlav, Priscebur, Zlawoteck, Gotemar, Unislar u. a. begegnen uns überall in der Zeugenreihe der von den wendischen Fürsten ausgestellten Urkunden, und zwar vor den Trägern deutscher Adelsnamen, woraus das Ansehen jener zur Genüge erhellt. Im Laufe des 13. Jahrhunderts verschwinden freilich allmälig die wendischen Namensklänge, und deutsche treten an ihre Stelle; doch erklärt sich dies daraus, daß damals der Adel überhaupt seine alten Familiennamen abzulegen und nach dem neuen Lehensbesitz sich zu nennen begann; Lisch, Jahrbücher Mecklb. Gesch. Br. 13, S. 111. — Ferner berichtet Helmold in seiner Slavenchronik a. E., daß Pribislav Mecklenburg, Jlow Rostock aufgebauet, und in diesen Landestheilen die Völker der Slaven angesetzt habe; Lisch, Bd. 13, S. 63. Das Kloster Dargun erhielt sowohl bei seiner ersten Gründung durch Urk. von 1174 u. 1219 (Nr. 114, 247), als auch bei späteren Verleihungen der Güter Dukow und Gaarz durch Urk. v. 1229 u. 1242 (Nr. 373, 542) das Recht, Ansiedler jeglichen Stammes — einerlei, ob Deutsche, Dänen oder Wenden — herbeizurufen, und ähnliche Ausdrücke finden sich in anderen Klosterprivilegien, z. B. für Doberan v. 1218 und 1219 (Nr. 239, 258). Am 22. Febr. 1287 (Nr. 1888) wurden Streitigkeiten zwischen dem Wenden Debic, einem „ehrenwerthen Manne" (virum honestum) und dem Kloster Dargun wegen des Dorfes Cantim „durch Rath angesehener Männer" gütlich verglichen, und Gleiches geschah am 8. Januar 1296 (Nr. 2378) wegen des Dorfes Bast gegenüber einem Wenden Milota. Am 30. April 1315 schenkte Fürst Heinrich von Mecklenburg dem Kloster Doberan die wendischen Dörfer Stülow und Hohenfelde mit dem Befehle, das dortige Gericht nach wendischem Rechte zu handhaben (jurisdictio debet fieri jure slavicali, prout antiquitus Slavi usi fuerunt);

Lisch, Bd. 15, S. 234. In Rostock wohnten im Mittelalter zahlreiche Wenden mit einem besondern Vogte; Lisch, Bd. 21, S. 17. Die s. g. schwarzen oder Biestower Bauern, welche früher die ganze Fläche zwischen Rostock, Doberan und Schwaan inne hatten und noch jetzt in den Kirchspielen Biestow und Buchholz in großer Abgeschlossenheit leben, gelten für Nachkommen der alten Wenden; Beiträge zur Statistik Mecklenburgs Bd. 4 S. 155.

In der deutschen Grafschaft Schwerin dagegen, unter unmittelbarem Einfluß der erbitterten Sieger durften die Wenden wohl eben keine Schonung erwarten und ebenso mußte dem deutschen Bisthum Ratzeburg — in einem Theile der Grafschaft Schwerin, und ferner in den Gebieten Gadebusch, Dassow, Grevismühlen, Dömitz — an Zunahme der deutschen Bevölkerung gelegen sein, theils schon zur eignen Sicherheit, theils, weil die Zehnten der Deutschen den wendischen Bischofszins ums Doppelte überstiegen; Lisch, Bd. 13 S. 65. So berichtet denn auch Helmold's Chronik 1160, daß die Zehnten sich mehrten im Lande der Slaven und die Festen von den Ankömmlingen bewohnt würden; ferner 1163, daß die letzten Reste der Slaven zu den Pommern und Dänen geflüchtet, und von diesen verkauft seien. Die Urkunden der damaligen und selbst noch späterer Zeit lassen aber nur ein allmäliges Zunehmen der Deutschen unter möglicher Berücksichtigung der Wenden erkennen. Bei der Bewidmung des Bisthums Ratzeburg 1158 (Nr. 65) wird die Vertreibung der Wenden und die Zunahme der deutschen Zehnten nur als eine erst in der Zukunft liegende bezeichnet (postquam autem Slavis ejectis terra decimalis fuerit), ebenso nach einer Urkunde von 1190 (Nr. 150), in welcher aber schließlich Graf Heinrich sich verpflichtet, binnen 10 Jahren das Land zehentpflichtig zu machen. Daß dies aber nicht geschehen, ergiebt ein Ratzeburger Zehentregister von 1230 (Nr. 375), also noch 40 Jahre später, in welchem für dieselbe Gegend der Zehnte geordnet wird, sobald erst Deutsche sich dort angesiedelt haben werden, und wobei die frühere Clausel der Wendenverjagung nicht wiederholt wird. In derselben Urkunde werden die von Wenden bewohnten Dörfer immer ausdrücklich als solche bezeichnet (Slavi sunt — villa Slavica), und deren liest man noch eine ganze Reihe, besonders in den Parochien Prizier, Rehna, Vietlübbe, Dassow, Mummendorf, Proseken, Beidendorf, Grevismühlen. Graf Gunzel von Schwerin verlieh am 25. Mai 1220 (Nr. 266) den Wenden zu Brüsewitz, welche zur Zeit dort wohnten und später dort wohnen wollten, deutsches Recht. Graf Helmold von Schwerin verpflichtete sich beim Verkauf von Positz am 6. Juli 1285 (Nr. 1809) zwar zur Vertreibung der Wenden aus diesem Orte, jedoch nur in der Weise, daß dieselben unter **freiwilligem** Abzuge (voluntarie recedendo) öffentlich auf ihre Rechte verzichten sollten. Noch im 16. Jahrhundert lebten zahlreiche Wenden in der s. g. Jabelheide, d. i. den Ortschaften zwischen Sude, Rögnitz und Elbe, Lisch, Bd. 1, pag. 7, und selbst jetzt noch will man in den Aemtern Neustadt, Grabow, Eldena, Lübtheen (auch wol Hagenow?) die wendische Urbevölkerung vielfach erkennen; Boll, Gesch. Mecklenb., Vorrede zu Bd. 1.

Hiernach dürfen wir kein Bedenken tragen, mit v. Rudloff Mecll. Gesch. Bd. 1, S. 150, 220, und von Lützow Mecll. Gesch. Bd. 1, S. 322, zu behaupten, daß auch nach der bereits im 12. Jahrhundert abgeschlossenen Christianisirung unseres Vaterlandes die Wenden, wenigstens auf dem platten Lande, sehr zahlreich sich erhalten haben und nicht untergegangen sind.

2) Besaßen und gewannen die deutschen Einwanderer ein freies Bauernrecht?

Unter den Wenden herrschte Leibeigenschaft; v. Balthasar de hominibus propriis S. 7, v. Lützow Mecll. Gesch. Bd. 1,

S. 322. Servi, homines proprii juris werden im Anfange des 13. Jahrhunderts erwähnt, denn nach den Privilegien der neu gegründeten Städte wurden jene durch Hinzug in letztere frei; so z. B. bei Güstrow, Malchow, Malchin, Röbel (Urk. Nr. 359, 433, 449, 911). Da nun die Wenden, wie wir so eben nachgewiesen haben, auch nach ihrer Ueberwindung zahlreich auf dem platten Lande verblieben, mußten die einwandernden Deutschen schon sehr gesicherte Rechte mitbringen und gewinnen, um nicht Gefahr zu laufen, allmälig den ersteren gleichgestellt zu werden.

Alle Geschichtsbücher über Deutschland lehren nun aber, daß zur Zeit der hiesigen Colonisation im 12. und 13. Jahrhundert die Leibeigenschaft auch des deutschen Landvolks allgemein üblich war, und nur in einzelnen beschränkten Gebieten Einzelne freie persönliche und feste Besitzesrechte besaßen. Sollten nun diese ihre Freihöfe verlassen haben, um im fernen Wendenlande einer ungewissen Zukunft entgegenzugehen? Das Gegentheil bedarf wohl keines Beweises. Wir glauben, hier am Besten die Worte des Prof. Fabricius zu Preslau in Lisch, Bd. 6, S. 15, wiedergeben zu müssen:

> Das ganze Volk bestand derzeit fast nur aus Lehnsadel, freien Stadtbürgern und hörigen Bauern. Letztere, die bei weitem zahlreichere Klasse, durften nicht willkürlich auswandern, konnten nur im Gefolge ihrer Herren ins Land kommen. Jedenfalls kann ihre Einwanderung nicht sehr bedeutend gewesen sein. Die deutschen Edlen und freien Stadtbürger dagegen werden hier wieder eine ihren früheren Verhältnissen analoge Stellung eingenommen haben, so daß sie auf die Germanisirung des platten Landes und namentlich des Bauernstandes von nur sehr geringem Einfluß sein konnten.

Als Leibeigene, ohne freies Bauernrecht, kamen also die deutschen Colonen in unser Vaterland — und obendrein nicht eben massenweise, worin wir gleichzeitig ein neues Zeugniß für das ungestörte Fortbestehen des wendischen Stammes gewinnen. Deutsche Leibeigene gesellten sich zu den wendischen Leibeigenen — welche goldene Freiheit der Person und des Besitzes mochte daraus erblühen? Aber lesen wir die Urkunden damaliger Zeit:

Zunächst finden wir bei zahllosen Verkäufen und Verleihungen von Dörfern an Städte, Klöster und Ritter die Formel: „wir verkaufen das Eigenthum des Dorfes — — mit allem Nutzen, mit bebaueten und wüsten Hufen (cum mansis cultis et incultis), Wäldern, Wiesen, Weiden, mit allem Großen und Kleinen ic." Was blieb denn hiernach noch den Bauern dieses Dorfes? Letzterer geschieht gewöhnlich nur am Schlusse kurze Erwähnung als „unsere oder unserer Vasallen Leute", (nostri homines, vasallorum homines), und zwar nur gelegentlich der „Dienste" (servitia, exactiones), welche die weltlichen Herren sich bald nach wie vor reserviren (z. B. Nr. 1363, 1461, 1472, 1627, 1672), bald, besonders bei Bewidmungen von Klöstern, diesen übertragen (ut homines nemini quidquam servitii debeant, nisi soli Deo et monasterio, z. B. Dargun i. J. 1174 Nr. 114, Doberan 1218 Nr. 239, Amelungsborn 1233 Nr. 415 ic.). Die Bewohner heißen daneben in Hunderten von Urkunden auch incolae — in villis commorantes — inhabitantes — cultores — coloni — quibus locavimus terram ad incolendum — qui terras excolunt — (Nr. 150, 197, 230, 258, 278, 415, 454, 552, 945, 958, 1363, 1461, 1469, 1812, 1816, 2199, 2200, 2563, 2568 ic.) also blos Anbauer — Pächter, woraus zur Genüge ihr Mangel jedes Besitzrechtes hervorgeht. — Unsere letzten Zweifel aber schwinden, wenn wir die zahlreichen Fälle betrachten, in denen schon damals ganze Bauerdörfer gelegt wurden. — Zunächst die Städte sorgten aus naheliegenden Gründen für Erweiterung ihrer Feldmark, und erwirkten bei Erwerbung von Dörfern die Erlaubniß, „die Häuser derselben abzubrechen, die Felder auseinanderzureißen, und zum Nutzen der

Stadt und ihrer Bürger anderweitig zu vertheilen." So gewann Rostock 1275 Nemezow und Lipen (Nr. 1381), ferner Plau 1244 Slapzow (Nr. 560), 1292 Grapentin und Gedin (Nr. 2165, 2199), 1308 und 1348 Duetzin, 1323 Wozeten, so Güstrow 1293 Tebbezin (Nr. 2200). Es erwarben ferner um jene Zeit die Städte

Parchim Bicher 1240, Wozlabin 1256,

Plau Garbin 1255, ferner noch Gaarz 1388, Kleve,

Boizenburg Vorwerk Voize 1255,

Grabow Lassahn 1293,

Wismar Binckendorf und Dammhusen 1260, Dorsten 1277, Cessin und Dargetzow 1279, Kruckow 1300,

Bützow Wozeten 1260,

Teterow Baudorf 1272,

Grevismühlen Bilebeke 1276,

Röbel Kussekow 1284 und Biezen,

Güstrow Glevin 1323,

Sülz Symen 1298,

welche alle bald in den städtschen Feldmarken verschwinden, und deren Namen kaum noch theilweise in der Erinnerung leben. Wohl fast alle Städte haben auf diese Weise ihre anfänglich unbedeutenden Feldmarken vergrößert. Man kann hierbei nicht behaupten, daß die Urbewohner jener Dörfer von den einbringenden Deutschen verjagt seien, sondern grade die meisten dieser Ortschaften lagen in den wendisch gebliebenen Landestheilen. — Aber nicht allein die Städte, sondern auch die Klöster, welche schon damals den Nutzen großer Hofwirthschaften kannten, ließen sich bei Erwerbung von Dörfern das Recht der freiesten Verfügung darüber (plenam ac liberam potestatem, bona in usus monasterii libere convertendi u. s. w.) ertheilen, so das Bützower Collegiatstift beim Kauf von Diederichshagen 1280 (Nr. 1547), so Kloster Dargun beim Dorfe Sährkow 1297 (Nr. 2431:

ut vel villa destructa agros apponant), wie denn dasselbe auch
Clobezow 1278 und Moycelitz 1281 gelegt hat (Nr. 1460, 1578:
destruxerunt villam, propriis aratris excolunt). Bei Ordnung
der Parochie-Verhältnisse von Rabenhorst 1299 (Nr. 2568)
wird die demnächstige Legung der Bauern wörtlich vorgesehen:
quamdiu coloni inhabitant, monachum praeficere possint — quum
autem contigerit, terminos in grangiam redigi et nullo
inhabitari colono, sed per familiam conventus agros
illos coli u. s. w. Von einer Entschädigung der Bauern ist
hier in einem einzigen Falle die Rede: als nämlich 1285
(Nr. 1816) das Ratzeburger Domcapitel die Römnitzer Bauern
— denen es jedes Erbrecht abspricht, obgleich dieselben lange Zeit
hindurch die Aecker bebauet — zum Abzug binnen 1 Jahr und
14 Wochen kündigte, erhielten sie ihre Gebäude und Garten-
Verwendungen nach billiger Taxe baar erstattet. — Wir sehen,
der „Vernichtungskampf gegen die Bauern" des Herrn Wiggers
ist so alt, wie unsere Geschichte, und mit dem gerühmten freien
Bauernrecht ist's schon zur Zeit unserer ersten Colonisation
ein bedenklich Ding. Wenn in anderen deutschen Ländern
Fürsten und Ritter in fernen Kreuzzügen fochten, und dadurch
die heimischen Bauern zur Selbständigkeit gediehen, so war dies
in Mecklenburg nur höchst selten der Fall, und letztere verblieben
in ihrer ursprünglichen Lage umsomehr, als ihnen jegliche eigne
Vertretung unter den Landständen fehlte.

Prüfen wir jedoch jetzt die Urkunden aus jener Zeit bis
zum Anfang des 14ten Jahrhunderts, welche Herr Wiggers
seinerseits in seiner „Reform u. s. w." uns vorführt:

Nach S. 23 sollen die Ratzeburger Bauern ein erblich Recht
gehabt haben und noch jetzt besitzen. Nun, das ist bekannt genug, doch liegt das Fürstenthum Ratzeburg nicht in Mecklenburg-
Schwerin, und seine Verhältnisse releviren nicht für unsere Bauern.

Gleiches soll von Anfang an bei den Pöler Bauern der

Fall gewesen fein; aber auch diefe ftanden früher unter auswärtiger, nämlich unter Lübecker Hoheit. Das Präbenden-Verzeichniß dortigen Domkapitels v. 1263 (Nr. 980) nennt ein Erbrecht dortiger Bauern, "welches aber mit dem Tode einiger derfelben an die Kirche durch Kauf zurückfallen foll." Letzterer war alfo auch nicht mit folchen Bauern gedient. Das Vikareienverzeichniß v. 1264 (Nr. 1003) nennt bereits mehrere Hufen "freies Erbe der Geiftlichen." Nach Urfd. v. 5. Febr. 1311 (Nr. 3446 — zur Zeit für Bd. 5 des Urkundenbuchs in Druck) foll: "der Schulze Nikolaus v. Schünen zu Uppenfelde auf Poel kein Erbrecht haben, außer daß er und feine Erben ruhig auf dem Hofe wohnen und nicht verjagt werden follen, fo lange fie ihren Pflichten genügen — follten fie es aber hieran fehlen laffen, fo follen fie vom Schulzendienft und Hofe gebracht, und beliebige Andere dafür eingefetzt werden." Alfo auch zu Poel war's früher nicht eben anders, als an anderen Orten.

Die Pfarrbauern zu Malchow (Reform S. 24, vgl. Urk. Nr. 1758) erwarben 1284 allerdings ihren Befitz zu Erbrecht, nicht aber diejenigen zu Zeddemin 1295 (S. 26), welche ein anderes Feld, nämlich das Wredelocker kauften (Nr. 2364), wie denn auch in zwei Fällen Hölzungen an Bauern erblich verliehen werden (Nr. 1110, 1150); ferner wurde 1287 den Bauern zu Weitendorf (S. 27) nicht ihr "Acker zu immerwährendem Befitz" überlaffen, fondern ihnen einfach "Sicherung vor Nachmeffung" verhießen: ita quod ipsa villa et agri non debent ulterius dimensurationis funiculo dimetiri (Nr. 1897). Diefe Vergünftigung gegen die mit der Hufennachmeffung eventl. verbundene Steuererhöhung kommt noch einige Male vor (Nr. 1235, 1236, 1618, 1677) und ift überall kein Beweis für eigentliches Erbrecht. Wohl aber wird nach unferem Urkundenbuch (Nr. 2398) noch den Bauern zu Prebereede vom Ritter Büren ihr Acker verkauft. In diefen wenigen Fällen freierer Stellung, außer welchen wir bei sorgfältigster Prüfung unserer Urkundenbücher keine mehr zu finden vermögen, heißen die Bauern cives — wodurch die geringe Bedeutung der schon S. 13 genannten bloßen Coloni in mehreren hundert Urkunden um so greller hervortritt.

Die endlich noch aus dieser Zeit von Herrn Wiggers S. 26 aufgeführten freien Bauern zu Wustrow und Gr. Strömkendorf vermögen wir in Urkunden nicht zu entdecken — aber selbst ihre Existenz vorausgesetzt, was beweisen sie gegenüber unseren Belägen? Nur ganz seltene Ausnahmen von allgemein geltender Regel. Getrost überlassen wir jedem unbefangenen Leser die Beurtheilung, auf wessen Seite die von Herrn Wiggers (S. 31) uns zugedachten „wenigen dürftigen Beispiele" sich befinden.

3) Welche Bedeutung haben die Reversalen von 1621 für das landesherrliche Domanium?

Es sei uns gestattet, vor Beantwortung dieser vom Herrn Moritz Wiggers im verneinenden Sinne beantworteten Frage in der Kürze die zunächst voraufgegangenen Jahrhunderte zu betrachten. — Wir sind so eben bis zum vollständigen Abschluß unserer deutschen Colonisation, bis zum Anfange des 14ten Jahrhunderts gekommen. Wir haben an der sicheren Hand unseres jetzt bis dahin herausgegebenen Mecklenburg'schen Urkundenbuches erkannt, daß damals ein freies Bauernrecht zu den seltensten Ausnahmen gehörte — vermochte die nachfolgende Zeit ein solches zu bilden? Vom Anfange des 16ten Jahrhunderts an haben wir, wie wir weiter unten sehen werden, ein reiches archivalisches Material zur eingehenden Beurtheilung — vom 14ten bis 16ten Jahrhundert aber einstweilen nur unsere bekannte Landesgeschichte.

Aber auch letztere schon spricht deutlich genug. Wie überall im deutschen Vaterlande war damals auch in Mecklenburg die Zeit der größten Anarchie. Es war ein unaufhörlicher Krieg Aller gegen Alle: nach Außen gegen benachbarte Fürsten, Städte und Ritter, welche dagegen wieder zur Vergeltung tief in Mecklenburg eindrangen, im Innern der Landesherren, der Seestädte Rostock und Wismar, der Edlen, der Geistlichen mit und gegen einander. Ein Jeder war, vgl. Boll, Mecl. Gesch. Thl. 1, S. 165, wie bei einem allgemeinen Schiffbruch nur auf seine eigne Rettung bedacht, und das offene Land ganz schutzlos preisgegeben. Die Chroniken der Fehden mit den Märkern haben statt weiterer Zeitangabe die Worte: „da man pflegte zu rauben, aus der Mark und Priegnitz ins Land zu Stettin und Mecklenburg", vgl. Lisch, Jahrb. Mecl. Gesch. Bd. 13, S. 245; Bd. 17 S. 134; in einer Fehde mit Lübeck 1506 gingen allein im Amte Grevismühlen 30 Ortschaften in Flammen auf; v. Lützow, Mecl. Gesch. Thl. 2, S. 310. Die Gebieter der Dörfer wechselten in rascher Reihenfolge, bald durch Raubzüge, bald durch Verpfändung, und allen war es natürlich nur darum zu thun, vom Bauern soviel als möglich herauszupressen. Letztere begaben sich auch zuweilen unter ritterliche Schutzherren, z. B. erkaufte die Dorfschaft Drieberg am 15. August 1348 von Nicke Lützow die Versicherung, daß er ihr niemals schaden und durch Andere schaden lassen werde, Lisch, Bd. 21, S. 195; doch war dies häufig nur der erste Schritt zu sicherem Verderben, indem sie allmälig von solchen Schutzherren aufs Drückendste belastet wurden, Boll, Mecl. Gesch. Bd. 1, S. 165 und 355 ff. Selbst die fürstlichen Beamten verübten häufig Excesse gegen die ihnen untergebenen Bauern, auf welche sie mit ihrer Naturalverpflegung angewiesen waren, v. Lützow, Mecl. Gesch. Thl. 2, S. 427, und so mußte z. B. Herzog Albrecht von Mecklenburg die Bauern zu Heiligenhagen 1361 gegen seine eignen Vögte, Untervögte und Landreiter in Schutz nehmen, Lisch, Bd. 14, S. 260. Deutlicher als Alles reden von der damaligen Noth der Bauern, welche haufenweise ihre Hufen verließen und über die Landesgrenzen sowie in die Städte flüchteten, der Darguner Landfriede von

1456 und die Rostocker Vereinbarung von 1498, vgl. v. Rudloff, Meckl. Gesch. Thl. 2, S. 943, worin den Meckl. Herzogen gegenüber die Gegenpartei sich verpflichtete (nach den Worten der Originale im Archiv): „verlaufene, heimlich entfahrene Bauern nicht einzulassen, noch zu hausen oder zu hegen, auch auf Erfordern wieder auszuliefern." — Vermochte bei solchen Zuständen ein freies Bauernrecht zu gedeihen? Gewiß nicht!

Doch kommen wir zu den Beispielen des Herrn Wiggers aus dieser Zeit. Nach „Reform" S. 23 soll eine Urkunde vom 29. September 1420 beweisen, daß jeder Bewohner des Dorfes Zahrenstorf ein Erbe in demselben besessen und zu demselben Eigenthum gekauft hat. Die Urkunde finden wir in Lisch, Bd. 15, S. 212: sie sagt mit dürren Worten, daß — wie uns schon S. 16 in früherer Zeit wiederholt vorgekommen — die Zahrenstorfer Hüfner für sich und ihre Erben und Nachkömmlinge die Holzungsgerechtigkeit auf dortiger Feldmark gekauft haben, erwähnt des eigentlichen bäuerlichen Anrechts an den Hufen mit keiner Silbe. Wie im Uebrigen auch selbst über solchen Holzkauf an entscheidender Stelle geurtheilt wurde, beweist eine Urkunde vom 14. Juli 1365, Lisch, Bd. 11, S. 319: denn als die Bauern zu Pastow ein ähnliches Recht beanspruchten und darüber eine vom Ritter Barold Morder erhaltene Verleihungsurkunde beibrachten, wurde durch Ausspruch des Hofgerichts Herzogs Albrechts von Mecklenburg jene unter Beobachtung des Vasallen- und Schwerin'schen Rechtes für nichtig und cassirt erklärt. — Noch einige andere Beispiele citirt Herr Moritz Wiggers S. 27 u. 28, auf die wir aber nicht einzugehen vermögen, weil ihr Wortlaut nicht angegeben zu sein scheint, und gar Vieles auf die Interpretation ankommt. Indeß erkennen wir sie gerne als richtig an, und haben dann auch hier nur einige einzelne Ausnahmen von der allgemeinen Regel.

Mit Anfang des 16. Jahrhunderts nahmen endlich die

äußeren Gewaltthaten ein erwünschtes Ende, doch besserte sich dadurch die Lage der Bauern in keiner Weise. Denn die Gutsherren wandten sich nun zur Landwirthschaft, und die Bauern, welche — wie vorgenannte Auslieferungs-Verträge beweisen — als ein Zubehör der Ländereien galten, waren ihnen das geeignetste Mittel, letztere zur Cultur und zu höheren Pachterträgen zu bringen. Die drückendsten Frohndienste wurden gefordert; v. Rudloff, Mecklbg. Gesch. S. 943; Boll, Mecklbg. Gesch. S. 358 ff. Bei Visitationen der Mecklenburgischen Aemter von 1525, 1529, 1555, 1562 u. s. w. enthalten die aufgenommenen Protokolle nur Klagen der Hüfner, welche durchgehends als „die armen Leute" bezeichnet werden, über erschwerte Dienstleistungen und Pächte; vgl. Boll, Mecklbg. Gesch. Thl. 1, S. 359 ff. Die Amtsordnung von 1583 verbot vergeblich die „Gefälle der Bauern an die Beamten ohne Aufhören und Maaß zu steigern, zu Beschwer und merklichem Abgang der Unterthanen." Die persönliche Unfreiheit zeigte sich in einem hohen Grade.

Mit den Besitzesrechten der Bauern stand es nicht besser. In den Jahren von 1550—1560 wurden über sämmtliche Aemter Inventarien aufgenommen, in welchen die Verhältnisse der Hüfner allseitig erörtert wurden. Wir haben diejenigen von Ivenack, Doberan, Schwaan, Dargun, Neustadt, Schwerin, Güstrow, Bützow 2c. eingesehen, aber überall keine Spur von freiem Eigenthum oder Erbzins entdeckt. Fast alle sind gleichlautend:

I. Dorf N.
1) Der Baumann (Hüfner, Halbhüfner, Halbspänner, Cossat 2c.)
 N. N. giebt an Geldpacht, an Korn, dienstet an so und soviel Tagen.
2) u. s. w.

Hin und wieder, aber verhältnißmäßig selten, finden wir Freischulzen erwähnt, die dann $1/2$ bis 1 Hufe mehr haben und bald theilweise, bald ganz von Diensten und Pächten frei sind, wie schon eine Urkunde vom 25. April 1379 in Lisch, Bd. 13, S. 331 nachweist. Auch haben die Aemter den „Auf= und Ablaß" der Bauern, d. h. die Leitung der Verhandlung bei den Personal=Veränderungen im Gehöftsbesitz. Wieweit die Beamten hierbei gingen, erhellt aus den Amtsordnungen von 1562 und 1583, wonach jenen der Auf= und Ablaß=Gulden als Dienstaccidenz gelassen, jedoch gleichzeitig vorgeschrieben wurde, „daß Niemand solchen Guldens halber die Erben und Kathen unnöthig und leichtfertig verändern solle!" — Die Polizeiordnung von 1572 tit. Gewerbe der Bauern verbietet den Bauern, ihre Güter ohne der Obrigkeit Vorwissen von einander zu reißen und zu zertheilen, damit nicht die Dienste geschwächt und die Pächte ungewiß gemacht werden — gleichzeitig aber auch noch den ledigen Bauernkindern, sich außerhalb Amts zu vermiethen. — Auf einem Landtage von 1589 (in Spalding, Landtagsverhandlungen) erklären die Herzöge ihren Ständen:

> sie hätten, wenn Bauern wegen schlechter Haushaltung abgesetzt würden, nie etwas dagegen gehabt, daß die Gutsherren die Gläubiger geladen, ihre Hofwehr vorabgenommen, vom Rest die Gläubiger befriedigt hätten — inmaaßen sie selbst in ihren Aemtern es nicht anders hielten. — Es sei aber auch vorgekommen, daß Gutsherren die Höfe nicht wieder besetzet, sondern zum Acker gezogen und dennoch die Hofwehr einbehalten hätten. Dies sei unbillig, weil die Hofwehr allein zu dem Ende einbehalten würde, daß die Höfe mit anderen tüchtigen Leuten wieder besetzt werden möchten. — Sie hätten auch selbst in ihren Aemtern, wenn Höfe aus Vorsatz und mehreren Nutzens wegen nicht wieder besetzt würden, keine Hofwehr einbe=

halten, sondern solche den armen Leuten neben dem Uebrigen, was sie sonst gehabt, willig verabfolget.

Als das Domkapitel zu Schwerin 1600 die damaligen Bauerdörfer Rampe, Brahlstorff ꝛc. zu legen begann, berichtete es auf Erfordern an den Herzog:

> dafern nun unsere ungehorsamen Unterthanen — indem wir nichts Ungewöhnliches, Unchristliches, Unbilliges gegen sie vorgenommen, besonders wie Ew. Fürstl. Gnaden und die von Adel im Stift und im ganzen Lande mit dem Ihrigen, wie dessen täglich Exempel, verfahren — sich mit Fug und Recht über uns nicht beschweren, weil die Aecker, so sie bewohnen, dem Domkapitel eigenthümlich gehören und sie sich davon Nichts anzumaaßen.

Noch einmal i. J. 1606 erklärte Herzog Carl, vgl. Boll, Meckl. Gesch. Bd. 2, S. 144:

> die Bauern seien Coloni, und keine Emphyteutae, wenn auch gleich deswegen keine Verordnung vorhanden wäre; müßten deshalb den Grundherren auf Begehren die eingeräumten Aecker wieder abtreten, und könnten keine Erbzins-Gerechtigkeit beanspruchen, selbst wenn sie auch schon seit undenklichen Zeiten im Besitz des Gehöfts gewesen wären,

anerkannte jedoch diejenigen Besitzrechte, welche auf einem wirklichen Erbpachtcontracte beruheten.

Aus fürstlichem Munde haben wir somit eine wiederholte Ausbeutung des S. 13 und 17 von uns erörterten Begriffes der „Colonen", zu denen bereits 3—400 Jahre die Mecklenburgschen Bauern zählten. Bloße Pächter waren sie von jeher gewesen und auch beim regelmäßigen Mangel anderweitiger Erwerbstitel bekanntem Rechte gemäß geblieben, selbst wenn ihren Kindern und Kindeskindern dieselben Hufen wieder verliehen waren. Selbst Boll in seiner Meckl. Gesch. Thl. 2, S. 143 nennt die entgegengesetzte Ansicht der Bauern geradezu einen Irrthum!

Geben wir zum Ueberfluß einige diesem entsprechende Beispiele für die damalige constante Praxis aus den Amts=Protocollbüchern:

Am 5. Nov. 1594 hat auf Herzog Ulrichs Befehl der Schulze zu Kritzmow, Claus Reder, von seinem Acker eine halbe Hufe müssen abtreten, darum daß er solche mehr als die anderen Bauern gehabt, und Matthias Behnen so viel gemangelt. — Auf Befehl Herzog Ulrichs 1599 ist Knoop's Erbe und Hofstätte mit Aeckern und Wiesen zum Hof Lambrechtshagen gelegt, und hat Knoop dagegen Schloofs wüstes Erbe annehmen müssen. — Also freieste Verfügung über die Baueräcker!

Am 13. Juli 1606 hat das Amt den Peter Siemens auf Vormanns Erbe zu Lichtenhagen gesetzet und ihm Hofwehr über= antwortet. Die nachgelassenen Kinder von Siemens erhalten Aus= spruch: **damit sie gänzlich sollen abgewiesen werden, und künftig der eine so wenig als der andere auf ihres Vaters Erbe ansprechen.** — Gleiches geschieht 6. Octbr. 1604 mit Höppners Stelle zu Gr.=Grenz, 8. Decb. 1604 mit Schade's Erbe zu Selow, 17. April 1606 mit Hüne= mörders Hofstelle zu Vorbeck, 22. Juni 1606 mit Behrendt's Gehöft zu Heiligenhagen. — Wenn die nachgelassenen Kinder mi= norenn waren, erhielten sie in den seltensten Fällen die väterliche Stelle, denn der Grundherrschaft war es immer um sofortige Wiederannahme eines kräftigen und zur Leistung der Frohnden tauglichen Mannes zu thun. — Der Ausdruck „Erbe", welcher sich hierbei überall findet, bedeutet ersichtlich weiter Nichts, als ein bereits im Pachtbesitz des Vaters resp. der Voreltern gewesenes Gehöft. — Im Gegensatz hierzu begegnen wir auch „eigenthüm= liche Katen", welche von ihren Besitzern frei verkauft wurden, und deshalb zu dem Irrthum über die bäuerliche Dispositions= befugniß betreffs der Gehöfte vielfach Veranlassung gegeben haben;

sie gehörten aber Bübnern (bodener) und Brinksitzern oder Häuslern, die schon in alter Zeit vorkommen; vgl. S. 28.

Am 30. Mai 1598 ist Dammhusens Erbe zu Heiligenhagen dem Moen überantwortet, und hat darauf empfangen **vollkommene Hofwehr** nebst zugesäeter Saat, **welches die Herrschaft gethan**. Dasselbe finden wir 27. Mai 1600 bei Chim Höppners Erbe zu Kl.-Grenz, 17. Februar 1602 auf Alwardts Stelle zu Heiligenhagen u. s. w. Am 28. April 1611 wird Klinckmanns Wohnhaus zu Selow vom Amte neu erbauet. — Viele Beispiele herrschaftlicher Hülfen weist schon die damalige Zeit nach.

29. Januar 1599 erhält Meier zu Vorbeck Langkavel's Gehöft zu Kambs. Und weil Langkavel sein Vieh mit sich nach Göldenitz genommen, so will er Meiern dagegen Hofwehr geben, welche bei dessen Katen bleiben soll, **er oder die Seinigen mögen darin wohnen oder nicht**. — Alwardt bringt auf sein Gehöft vollkommene Hofwehr, gelobet, daß sie dabei bleiben soll, er oder die Seinen mögen dort wohnen oder nicht. 15. März 1600 ist Karsten's wüstes Erbe **nebst Hofwehr** von Siemon angenommen. 28. Septbr. 1603 ist Knake's Erbe mit Hofwehr zu Lambrechtshagen aufgeboten, und an Chim Bandow verliehen. 27. Septbr. 1599 ist Bertgen Erbe zu Heiligenhagen, dem Bolten aus Materssen gegeben, **mit vollkommener Hofwehr, wie es auf einem Bauerbe eignet und gebühret**. 18. April 1600 werden von Hünemörder's wüstem Erbe zu Heiligenhagen die Hofwehrstücke in ein anderes Erbe nach Reinshagen vom Amte gegeben; ebenso am 13. Febr. 1602. Bei allen Gehöftsanweisungen finden wir Gehöft und Hofwehr unzertrennlich: letztere erscheint stets als Pertinenz des ersteren, privater Verfügung des Gehöftsbesitzers nie unterworfen.

Weil Bolten bei Uebernahme von Bertgen zu Heiligenhagen Stelle außer der Hofwehr noch anderes Vieh erhalten, hat er auch die Schulden übernommen. Da Siemens 29. Mai 1603 nicht mehr als 1 Pferd über der Hofwehr empfangen, soll er darüber hinaus keine Schulden bezahlen, sondern die Schuldner sollen abgewiesen werden. — Nicht das Gehöft, sondern die allodiale Ueberwehr haftete also für die Schulden!

Ueberaus zahlreich sind die wüsten Erben, deren Besitzer verlaufen waren. Die Hofwehren der einzelnen Gehöfte enthielten wegen der vielen Spanndienste bis zu 24 Pferden, welche den Ertrag der Hufe verzehrten; die Besitzer selbst frohndeten vom Morgen bis zum Abend — in der Flucht suchten sie ihr Heil, wie schon ihre Vorfahren gethan. Am 18. November 1602 hat Hans Schade aus Bröbberow 50 Thlr. dafür baar erlegt, daß er ein wüstes Bauererbe zu Letschow nicht zu nehmen braucht.

Alles Vorgenannte war eine Wirkung der in Mecklenburg seit uralter Zeit bestehenden Leibeigenschaft, wie der wail. Vice-Präsident des Obertribunals zu Wismar Augustin von Balthasar in seinem 1779 erschienenen Werke: „do hominibus propriis" nachweist, aus welchem wir hier einige Stellen kurz wiedergeben wollen, mit denen die eben geschilderte Praxis durchaus harmonirt:

S. 21. Aus der raußeren Sitte der Wenden und der milderen der Sachsen (der Deutschen) ist eine vermischte Leibeigenschaft entstanden. Die Wenden wegen ihres gegen Feinde grausamen Gemüthes hielten ihre Leibeigenen in hartes Joch gefesselt, die Sachsen dagegen, welche milder dachten, brauchten ihre Leibeigenen weniger strenge.

S. 23. (Pommersche Bauernordnung von 1616.) — — Wie auch die Bauern, wenn die Obrigkeit die Höfe, Aecker und Wiesen zu sich wieder nehmen oder den Bauern auf einen andern Hof versetzen will, ohne alles Widersprechen folgen müssen.

S. 28. Leibeigne sind ein in den Gütern steckendes Kapital und unentbehrliche Instrumente, wodurch die Oeconomie und Cultur bestritten werden muß.

S. 45. Der Bauer kann zum Nachtheil des Herrn überall keinen Vortheil am Acker erwerben. Dagegen gehört den Leibeigenen und ihren Erben eigenthümlich, was sie außer dem Acker erwerben können. (Dies war eine mildere Art der deutschen Leibeigenschaft, wie denn z. B. nach S. 16 und 19 gegebenen Erempeln Bauern Hölzungen erblich kaufen konnten.)

S. 46. Der Herr muß den Bauern im Anfange Ländereien, Gebäude und Hofwehr liefern. Letztere braucht jedoch nicht immer unmittelbar aus des Herrn Vermögen hervorzugehen, sondern zuweilen sorgt auch der Bauer selbst dafür, wogegen der Herr ihm durch Nachlaß an Pacht, Steuern und Diensten Vergütung leistet; doch kommt es auch heutzutage nicht selten vor, daß der Bauer alles dies ohne Vergütung beschafft. In beiden Fällen wird die Hofwehr dem Grundstück erworben, und bleibt nach dem Tode des Bauern seinem Nachfolger, wie eine Pertinenz des Ackers, gleichsam, als wenn der Herr selbst sie gegeben hätte.

S. 48. Wenn die Hofwehr von der Allobial=Verlassenschaft des Bauern getrennt wird, werden immer die besten Stücke zur Hofwehr genommen.

S. 49. Verboten ist jegliche Veräußerung oder Verpfändung, so daß keine Schulden darauf gemacht werden können. Bei Auspfändungen ist die Hofwehr von der Ueberwehr zu trennen.

Doch gehen wir jetzt zu den bekannten Reversalen von 1621. § 16 lautet:

> Wir wollen und verordnen, daß die Bauersleut' die ihnen um gewissen Zins oder Pacht eingethanen Hufen, Acker oder Wiesen, dafern sie kein Erbzinsgerechtigkeit, jus emphytenticum oder dergleichen gebührlich beizubringen, den Eigenthums=Herren auf vorhergehende Loskündigung nulla vel immemorialis temporis detentatione obstante unweigerlich abzutreten, und einzuräumen schuldig sein sollen.

In Beihalt des bereits Gesagten erscheint diese Bestimmung nicht neu, sondern dem, was seit Jahrhunderten factisch bei uns gegolten, und zur Ausführung gekommen, wurde hier nur ein bestimmter gesetzlicher Ausdruck gegeben. Obendrein ist sie milder als die gleichzeitige aus dem benachbarten Pommern, denn nach der dortigen Bauernordnung von 1616 wurde den Bauern selbst die auf dem Contracte etwa beruhende Erbzinsgerechtigkeit abgesprochen, deren Beweis doch bei uns den Bauern frei blieb, und (vgl. Boll, Mecklenb. Gesch. Band 2, S. 146) vom Herzog den Ständen gegenüber beharrlich aufrecht erhalten wurde.

Im Uebrigen ist es, weil die Reversalen nichts Neues bestimmten, jetzt eine ziemlich müssige Frage, ob dieselben auf unser Domanium sich erstrecken oder nicht. Da aber Herr Moritz Wiggers dies bestreitet, so wollen wir zum Ueberfluß ihm das Gegentheil kurz beweisen. Denn eine in Sachen Tagelöhnerfrau Hackert, geb. Höppner zu Sarmstorf, Amts Güstrow, gegen Cammerprocurator Francke, peto. Einräumung des Gehöfts Nr. VI. zu Kuhs, Amts Güstrow, ergangene Entscheidung des Oberappellationsgerichts vom 14. Mai 1832 sagt wörtlich:

> Landesgesetzlich steht außer Zweifel, daß die Besitzer der Bauergehöfte in hiesigen Landen an denselben, außer im Falle einer erweislichen Erbzins- oder anderen Gerechtigkeit, keinerlei, auch nicht aus unvordenklichem Besitzstande abzuleitende Ansprüche, weniger noch ein die Substanz betreffendes, oder dieselbe schmälerndes Dispositionsrecht behaupten dürfen.
>
> Reversalen von 1621, Art. 16, Landes-Erbvergleich von 1755, §§ 325 bis 328.

Dieses in dem Wesen des vormaligen Zustandes der Leibeigenschaft und der damit behafteten Unterthanen und Bauersleute beruhende, deshalb auch in den Domainen feststehende Rechtsverhältniß ist mit Aufhebung der Leibeigenschaft durch V.=O. vom 18. Januar 1820 keineswegs abgeändert, vielmehr durch den Vorbehalt in § 13,

> jedoch unnachtheilig der grundgesetzlichen Bestimmungen rücksichtlich der Bauersleute

ausdrücklich bestätigt.

Ein näheres Eingehen auf die von Herrn Moritz Wiggers (Reform S. 25) gegebenen Beispiele vermeintlichen freien Bauernrechts aus dieser Periode ist hiernach wohl überflüssig. Letzteres soll sich hauptsächlich zu Biestow, Pölchow und Huckstorf gefunden haben; diese Güter aber gehörten damals ganz oder zu großem Theile dem Domherrnstift zu Rostock, standen unter dem Schutze dieser angesehenen Stadt und wohl mag hier aus dem ruhigeren Besitzstande der Bauern eine irrthümliche Meinung ihrer Erblichkeit aufgekommen sein. Selbst im günstigsten Falle waren sie immerhin nur spärliche Ausnahmen von der allgemeinen Regel, wie wir sie von jeher nachgewiesen haben. Versichern können wir jedoch, daß nach dem Uebergang dieser Ortschaften an das Amt Schwaan vor 200 Jahren ihre Bauern nicht anders behandelt wurden, als diejenigen der übrigen Amtsdörfer. Wenn Herr Wiggers übrigens in Huckstorf resp. in Biestow 3 **erblich verkaufte Katen** anführt, so sind darunter, wie wir schon S. 23 erwähnt haben, Büdnereien oder Häuslereien zu verstehen und überall keine Bauerstellen, welche damals immer ausdrücklich Erbe oder Gehöft hießen. — Auch von Balthasar S. 24 kennt schon alte Erbzinspächter in Mecklenburg, jedoch nur auf Poel, wo sie zahlreich, und im Amte Neukloster, wo sie selten vorkommen (quibus insula Poel abundat — ejusque quoque farinno homines quamvis pauciores numero dantur in praefectura Neukloster — ubi autem ejusmodi jus obtenditur certa ejusdem adesse debent criteria).

4) Haben die Bauern auch über die zerstörenden Wirkungen des dreißigjährigen Krieges hinaus ihre früheren Rechte zu erhalten gewußt?

Diese Frage erscheint jetzt bedeutungslos, da die Bauern auch schon vor dem dreißigjährigen Kriege erweislich keine Rechte hatten und deshalb keine dabei verlieren konnten. Weil aber Herr Moritz Wiggers nun einmal das Gegentheil behauptet, wollen wir auch hierauf näher eingehen, zumal jene Zeit des Interessanten gar viel für unser Landvolk bietet.

Schon als der Kaiserliche Feldherr, der bekannte Wallenstein, Mecklenburg unter seine Botmäßigkeit erhielt, mußte dies Land durch die durchziehenden Kriegsschaaren sehr gelitten haben, denn in seiner Kammerordnung von 1630 befiehlt er:

> die wüsten Stellen mit Einliegern zu besetzen, denen zum nothdürftigen Bau der Gehöfte Holz und Hülfe gegeben werden solle; wenn aber Jemand sich weigere, so solle ihm sein Vieh abgenommen und nicht eher wieder verabfolgt werden, bis er das Gehöft bezogen habe.

Von Lützow, Mecklenb. Gesch., Theil 3, S. 270, bezieht sich auf ein Schreiben der Mecklenburg'schen Herzöge vom 27. August 1631, wonach durch die Schweden soviel Pferde weggenommen seien, daß den Unterthanen die Feldbestellung unmöglich, auch sämmtliches Rindvieh der Aemter Buckow, Neustadt, Doberan fortgetrieben sei.

Schrecklicher waren für Mecklenburg die Jahre 1637 und 1638, als die Kaiserlichen und Schweden hier ihre blutigen Kämpfe um das erledigte Pommern ausfochten. Das Großherzogliche geheime Archiv bewahrt hierüber ausführliche Acten, aus denen wir hier einige Auszüge mittheilen wollen.

So heißt es vom Amte Güstrow 1638:

> Dies Amt ist ganz ruinirt und den Unterthanen alles

Zugvieh abgenommen, also, daß auch nicht 4 Wagen im ganzen Amte aufzubringen. Die Unterthanen sterben häufig hinweg, wie denn der größte Theil schon todt; die noch leben, liegen in Rostock, Bützow, Güstrow und Teterow und suchen das Brod vor guter Leute Thüren um Gottes Willen, dürfen auch wegen Grausamkeit der Soldaten sich in den Dörfern nicht finden lassen, sondern es stehen dieselben wüste. Bei wenig Dörfern ist die Wintersaat bestellt, an Sommersaat kommt gar nichts in die Erde und müssen die Leute, soll das Amt nicht ganz wüste werden, aus des Herzogs Mitteln erhalten werden. Ein Theil der besten Dörfer ist abgebrannt, 160 Zimmer von den Soldaten in Asche gelegt.

Der Amtshauptmann Krüger zu Güstrow schreibt am 26. März 1639 an den Herzog:

Wie nun, gnädiger Fürst und Herr, im ganzen Fürstenthum und Land überall ein gleicher, erbärmlicher, elender betrübter Zustand ist, also auch im Fürstlichen Amt Güstrow an Menschen und Vieh, an Meierhöfen, Dörfern, Ackerwerken, daß es zum Erbarmen und in langen undenklichen Jahren nicht erhöret mag sein. — Denn nachdem sich die Unterthanen wegen des barbarischen und tyrannischen Kriegswesens meistentheils in die Städte Güstrow, Rostock, Bützow begeben, hat Gott der Allmächtige unter das Vieh eine giftige Krankheit geschickt, daß Vieh und Pferde, so noch behalten worden, wie die Fliegen hingefallen; hernach ist die Pest und giftige Krankheit unter die Unterthanen gekommen, daß von den 350 Bauleuten und 104 Cossaten (alias 384 Bauern und 130 Cossaten) nicht mehr als 133 übrig geblieben. — Von den Meierhöfen sind in Feuer aufgegangen Püstow und Rosin, von den Dörfern sind ganz verbrannt: Bülow, Zeetz, Niendorf, Wiendorf, Bantschow, Rukieten, Mistorf, Bölkow, Rosin. Brenz und Sukow haben die Soldaten ganz abgebrochen und in die Stadt Güstrow verkauft.

Ferner vom Amte Schwaan 1638:
Mit diesem Amte hat es eine gleichmäßige Beschaffenheit. Die Winterfaat ist noch zum Theil ziemlich bestellt, zur Sommerfaat ist gar keine Hoffnung, weil die armen Leute sich nicht dürfen im Felde sehen lassen und wird ihnen das geringe Vieh, so sie in Rostock und Bützow noch gerettet, wenn sie es hinaus bringen, stracks von den Soldaten weggenommen. Der Acker bleibt also unbesäet, die Dörfer wüste. Die Unterthanen sterben häufig hinweg und sind viele Zimmer im Amte von den Soldaten abgebrannt und in Asche gelegt. — Ferner 1639: Die Schweden haben dies Amt unter ihrer Gewalt gehabt, es auch gar ausgespielet und so übel gehauset, als zuvor noch nie geschehen. Etliche Dörfer sind ganz abgebrannt, die Leute theils weggestorben und verlaufen. Es leben noch bei 150 Personen von Bauern und Coffaten (vor dem Kriege 325) im ganzen Amte. Vieh, Brod und Saat mangelt, Nichts ist gesäet, die Leute haben keine Lebensmittel mehr.

Vom Amte Boizenburg 1638:
Das Amt ist, soviel die Meierhöfe und die Telbau betrifft, ganz ruinirt und hat der Herzog Nichts davon zu erwarten. Die Unterthanen haben zwar etlich wenig Vieh gerettet, dürfen sich aber in den Dörfern nicht sehen lassen, weßhalb diese wüste sind. An Winterfaat ist Nichts bestellt, zur Sommerfaat keine Hoffnung. Wenn keine Erleichterung erfolgt, muß das Amt unter der Last erliegen und zu Grunde gehen. Die armen Unterthanen

haben bisher noch von den Bürgern mit Pflügen ihren Unterhalt gehabt und können sich, wenn solches nicht mehr erfolgt, des Hungers nicht erwehren. — 1639: Das Amt ist öde und wüst, wenig gesäet. Man hatte zwar zur Wintersaat so viel gearbeitet, daß davon 10 Drömpt Roggen gesäet werden sollten, doch hat die letzte Dömitzer Blockirung wegen Bestellung der Wintersaat großen Schaden und Hinderniß gethan. Die Bauerzimmer stehen wüste, baufällig und theils abgebrannt. An wohnenden Bauersleuten sind noch am Leben 55 ganze, 32 halbe Hüfner und 32 Cossaten, haben noch etwas Vieh und wenn die große Contribution und Einquartierung etwas gelindert würde, hätte man nächst Gottes Hülfe die Hoffnung gehabt, daß das Amt vor allen Andern am Ersten in Stand zu bringen gewesen wäre.

Vom Amte Ribnitz 1638:

Diesem Amte ist es nicht besser, als den anderen ergangen, denn die Beamten und Pächter sind verjagt. Alles Vieh und Fahrniß ist von den Höfen und Unterthanen genommen, wie denn auch mehrere Höfe neben vielen Zimmern in den Dörfern von den Soldaten niedergerissen, das Holz in der Schanze zu Damgarten verbraucht, auch zum Theil verbrannt. An Wintersaat ist gar wenig bestellt, zur Sommersaat gar keine Hoffnung. Die Unterthanen haben auf der Welt Nichts, als das bloße Leben übrig, sind von dem Ihrigen verjagt und können keine Dienste thun, weshalb denn auch von den Soldaten die Bauerzimmer häufig niedergerissen und verbrannt werden. — 1639: Die Dörfer sind einestheils ganz, einestheils halb verbrannt, die Unterthanen theils todt, theils zunicht, haben keine Lebensmittel, viel weniger Vieh oder Korn. Der Küchenmeister hat auf seinen

Credit soviel beschafft, daß 3 Drömpt übers ganze Amt in die Erde gebracht sind.

Von Neukalen 1638:

Das Amt ist ganz ruinirt, das bei den Unterthanen noch gewesene Vieh ihnen abgenommen, aller eingesammelte Vorrath verkehret, daß die armen noch lebenden Unterthanen auf dem Mist ihren Unterhalt suchen müssen. Viele Bauergehöfte sind in Asche gelegt, die Unterthanen verjagt, die Zimmer auf den Dörfern größtentheils niedergebrannt, wenig Leute mehr am Leben, sterben täglich noch häufig hinweg. Es ist weder Sommer- noch Wintersaat bestellt. — 1639: Die Unterthanen sind alle verstorben und Hungers halber verlaufen, daß nicht mehr sich befinden im Amte als ein Bauer und 2 Cossaten.

Vom Amte Dargun 1638:

Beim Amt ist an Vieh Nichts vorhanden, die Dörfer stehen wüste, weil die Leute meistentheils todt. An Sommer- und Wintersaat ist und wird Nichts bestellt, weil keine Anspannung und Mittel dazu vorhanden. — 1639: Von allen Unterthanen dieses großen Amtes sind nicht mehr als 18 Bauern und 13 Cossaten am Leben, haben gar keine Lebensmittel, viel weniger Vieh.

Vom Amte Plau 1638:

Ist ganz ruinirt. Im ganzen Amte sind noch 6 oder 8 Ochsen, welche der Commandant zu der Schanzarbeit gebraucht und stehen die Dörfer mehrentheils wüste, da wenig Menschen noch am Leben, und sterben die übrigen täglich hinweg, ist auch an Wintersaat Nichts bestellt. — 1639: Totaliter ruinirt, öde, wüst, im ganzen Amte kein Vieh.

Vom Amte Gnoien 1638:

Viele Bauernzimmer sind verbrannt, wie denn noch vor

wenig Tagen das Dorf Schlutow und Städtlein Tessin außer wenig Häusern von den Soldaten angesteckt und abgebrannt. Es ist Nichts an Winter- und Sommersaat bestellt, auch gar kein Vieh bei den Unterthanen mehr übrig, ja, es leben von diesen nur noch 6 oder 7 Personen, welche neben den wenigen Amtsdienern noch auf der Mühle zu Gnoien ihren Unterhalt gehabt, so jetzt ihnen auch von den dort logirenden Officieren entzogen werden soll, auf welchen Fall kein Mensch beim Amt sich aus Mangel an Lebensmitteln mehr aufhalten kann, sondern Alles zur Wüste und Einöde wird. — 1639: Die Häuser in den Dörfern stehen gar erbärmlich, die Unterthanen sind gestorben und Hungers halber zunicht gekommen, so daß im Amt nicht mehr als 3 Bauern und 3 Cossaten am Leben befunden werden.

Vom Amte Stavenhagen 1638:

Dies Amt befindet sich im höchsten Ruin. Bei den Unterthanen ist nicht das Geringste an einiger Art Vieh zu finden, noch etwas zugesäet. Viele Dörfer liegen in der Asche und sind die Unterthanen durch barbarische Marter und Peinigung, Hunger, Durst und Kälte mehrentheils erbärmlich dahingestorben, also, daß am 25. April d. J. in Allem im ganzen Amte an Wirthen, Frauen, Kindern, Knechten, Jungen, Mägden 72 Personen (vor dem Kriege 558 Bauern und Cossaten) noch am Leben gewesen, so aber fast Alle krank und täglich noch wegsterben, daß auch hier Nichts, als ein wüstes Amt.

Nicht anders sah es im jetzigen Herzogthum Medlenburg-Strelitz aus, denn es heißt:

Vom Amte Stargard 1638:

Der kläglich Zustand dieses Amtes ist nicht zu beschreiben, denn es ist gleichsam funditus zerstört und darin nicht das geringste an Saat bestellt. Am 18. Februar ist schon der dritte Theil der Unterthanen nicht mehr am Leben gewesen, sterben noch täglich häufig weg und stehen die Dörfer meistentheils wüste. Viele Bauererben in den Dörfern liegen in der Asche, sind nur etliche wenige Zimmer gerettet und ist das geringste an Vieh dabei nicht mehr vorhanden. Am 18. Februar ist an Vieh bei den Bauern im ganzen Amte noch vorhanden gewesen 2 Pferde, 26 Ochsen, 15 Kühe, 10 Schafe, 42 Schweine, so ihnen aber seither mehrentheils auch abgenommen. Es ist zu vermuthen, daß aus Mangel an Menschen dies Amt ganz wüste und viele Dörfer unbewohnt bleiben. — 1639: Es befinden sich nicht mehr im ganzen Amte, als 44 Bauern und 10 Cossaten (vor dem Kriege 319 Bauern und 135 Cossaten).

Vom Amte Feldberg 1639:

Es leben 5 Bauern und 8 Cossaten (vor dem Kriege 49 Bauern und 20 Cossaten).

Vom Amte Wesenberg 1639:

Oede und wüst, die Unterthanen sind Hungers gestorben.

Vom Amte Fürstenberg 1639:

Wüst, kein Vieh vorhanden, nicht mehr denn 9 Bauern.

Aus den Schreckensjahren 1643 und 1644, als der Schwede Torstenson und der kaiserliche General Gallas durch Mecklenburg verwüstend nach Holstein gezogen waren, bewahrt das Archiv auch noch einige Nachrichten. Als niedergebrannt werden damals verzeichnet: im Amte Schwaan 91 Häuser, 113 Scheuern, im Amte Güstrow 283 Häuser und 233 Scheuern, im Amte Gnoien (vor dem Kriege 81 Gehöfte) 46 Häuser und 28 Scheuern, im Amte Stargard 203 Häuser, 161 Scheuern, im Amte Feldberg von 69 Gehöften 39 Häuser und 34 Scheuern, im Amte Boizenburg 85 Häuser und 127 Scheuern, im Amte Goldberg von 92 Gehöften 61 Häuser und 65 Scheuern, wie denn auch hier nur 14 Bauern und 6 Cossaten übrig blieben, im Amte Broda von 80 Gehöften 52 Häuser und 33 Scheuern. 1644 lebten noch im Amte Stavenhagen 13 Personen, im Amte Neukalden 8. Ausführliche Berichte aus diesen Jahren liegen nicht vor, sind auch wohl kaum abgestattet, weil der allgemeine Ruin damals zweifellos jegliche Ordnung gelöst hatte.

Schauderhaft sind die specielleren Schilderungen, welche in den Geschichtsbüchern unseres Landes sich finden. Ueber die Aemter Goldberg, Doberan, Ivenack, Wredenhagen, Plau, Stavenhagen, Gnoien, Neukalden und im jetzigen Strelitz'schen berichtet Boll, Mecdl. Gesch. Theil 2, S. 125 f. Ueber die Aemter Schwerin, Hagenow, Stavenhagen, Neukalden vgl. noch Archiv für Landeskunde von 1862, S. 644 f., von 1864 (Schweriner Domstift und Müritz), von 1867 S. 388 f., 503 f. Nach Lisch Jahrbücher Band 17, S. 222, haben im Amt Neustadt die Soldaten die Bauern, welche wieder aufs Land hatten ziehen wollen, in die Backöfen gesteckt und braten lassen. Nach Lisch, Band 31, schreibt Herzog Adolph Friedrich am 23. Januar 1639, daß die übrig gebliebenen Unterthanen nicht allein Mäuse, Katzen, Hunde und ganz unnatürliche Sachen zur Stillung ihres Hungers genießen (dies wird z. B. aus den Aemtern Doberan und Plau berichtet), sondern auch an verschiedenen Orten die Eltern ihre Kinder gefressen und ein Mensch vor dem andern nicht sicher sei.

Doch brechen wir ab von dieser schrecklichen Zeit, welche jeder Schilderung spottet. Wir wollten aus diesen allgemeineren Zeugnissen nur beweisen, daß unser Landvolk damals total ruinirt ist, und haben gegenüber der entgegengesetzten Ansicht des Herrn Moritz Wiggers unsere Behauptungen nun doch wohl hinreichend dargethan.

Herr Moritz Wiggers behauptet freilich ferner (Reform S. 32), daß wohl mancher Bauer nach dem Kriege wieder zurückgelebt sei und aus eigenen Mitteln sein Gehöft wieder hergestellt habe, zumal den Landesherren zur Wiedereinrichtung der Bauergehöfte das Vermögen gefehlt habe — beruft sich auch (S. 26 und 28) auf zwei specielle Beispiele. Wenden wir uns dagegen zu allgemeineren und deshalb die Regel beweisenden Belegen aus dem Archiv.

Amtshauptmann Krüger aus Güstrow berichtet am 26. März 1639:

> Dieweil etliche Unterthanen sich unterstehen, ganz von den ihrigen hinweg heimlich sich in fremde Lande zu begeben, wodurch das Amt ganz wüste werden müßte, wollen Ew. Fürstlichen Gnaden erwägen, wie diesem großen Unheile zu wahren. Und ferner: Dieweil die Unterthanen zu künftigem Unterhalt müssen säen und weder Ochsen noch Saat noch Pferde haben und solches Alles aus Amtsmitteln geschaffen werden muß, so stellen wir unterthänig anheim, ob die Hölzung im Amte nicht anzugreifen und davon einzukaufen sei.

Durch landesherrliche V. O. von 1646 (Boll, Meckl. Gesch. Band II, S. 146) wurde das heimliche Austreten der Bauern verboten.

Der Amtshauptmann Hieronimus von Dorne zu Mölln berichtet am 22. Juni 1658:

„Den noch vorhandenen Hausleuten kann geholfen werden, wenn der Landesherr ihnen etwas Holz anweisen läßt, soviel sie zur Wiedererbauung ihrer Häuser und Scheunen bedürftig, imgleichen ein Stück Holz, wovon sie Arbeitslohn und Eisenwerk bezahlen können.

In den Aemtern, wo nicht viel Holz, muß ihnen durch ein Stück Geld geholfen werden. Ueberdies muß ihnen auch zu 1 Kuh und 1 Paar Ochsen, ferner zu Brot und Saatkorn beigesprungen werden. Damit auch ausgestorbene Erbe wieder besetzet werden, muß man, wenn Leute vorhanden, ihnen ebenso helfen, und sie, je nachdem die Noth es erfordert, 1—3 Jahre ohne Hofdienst sitzen lassen. — Die Abwesenden herbeizubringen ist nöthig, daß der Amtsdirector seine fleißigen Aufmerker in den Städten habe, welche die Bauern fleißig ausforschen, und wenn man selbige getroffen, muß der Amtsrath diejenigen, welche wieder herbeizubringen, dahin halten, daß sie ihr Erbe in den Dörfern wieder annehmen; die aber, welche reiche und vornehme Bürger in den Städten geworden, daß ihnen der Bauerstand nicht mehr anstehen will und doch leibeigen geboren sind, müssen sich mit dem Amtsdirectorium um eine gewisse Summe, je nachdem ihr Vermögen ist, abfinden, oder einen andern Bauern in ihre Stelle schaffen. — Das Korn und anderes zu beschaffen, muß man sich nach Geldmitteln umthun und versuchen, ob Kaufleute den Rest dem Amtsdirectorium auf fürstliches Wort und Siegel zu Wege bringen wollen. — Geld zu beschaffen, muß man Güter verkaufen, neue Zölle, Imposte erheben, Privilegien und Freiheiten verkaufen. — Hölzung ist bei einem Fürstenthum ein sehr stattliches Kleinod, um aber bei Kriegspressuren einen Nothpfennig daraus zu machen, muß solches vieler Orten unumgänglich angegriffen werden."

Herzog Gustav Adolph von Mecklenburg befiehlt noch am 22. October 1662, also 14 Jahre nach dem Kriege, bis Michaelis 1664 in jedem Amte 10 Bauern anzusetzen, die wohlhabendsten dazu auszusuchen, jedem 1 Haus vom Amte zu bauen, die Hufe von Amtswegen vollständig zu besäen und ihnen 2 bis 3 Freijahre zu geben, wofür sie die übrige Hofwehr selbst anschaffen sollen.

Archiv für Landeskunde von 1864 S. 370:

> Es mußte also zunächst eine Ordnung wieder hergestellt werden und eine neue Besetzung der Bauerhöfe stattfinden. Letztere machte viel Mühe. Wo sich ein geborener Unterthan der Dörfer erwischen ließ, hielt ihn der

Structuarius Hansen fest und setzte ihn zuweilen gegen seinen Willen in eine wüste Bauerhufe. Selbst auf Jungen, die in den Gütern ihre Heimath hatten, machte jener Jagd.

Sehr zahlreich und freiwillig scheinen hienach die Bauern sich eben nicht eingestellt zu haben, und bei gar vielen Familien lebt noch jetzt die Tradition, wie ihre Urväter unter Androhung von Stockhaus, spanischem Bock und Prügel zuerst auf die Hufen gekommen sind. Das baare Geld ferner freilich fehlte unsern Herzögen, wie denn z. B. Adolph Friedrich in Lisch Band 31 vom 18. Februar 1640 schreibt, daß er aus seinem Lande nicht eines Hellers Werth zu genießen habe und selbst seine Tafel zur Nothdurft nicht mehr halten könne; doch boten sich andere Hülfsquellen. Zunächst in unsern reichen Hölzungen, welche vielfach gefällt und verkauft wurden, besonders nach Lüneburg und Rostock hin, und gleichzeitig zum Wiederaufbau der Bauergehöfte dienten, dann nothdürftiger Credit, ferner Verkäufe und Verpfändungen der Domainen, wie denn auch manche General-Verpachtung eines Amtes hier ihren Ursprung hat. Die Unterthanen ferner erhielten ihre Hufe zugesäet und daneben entweder Hofwehr-Stücke, oder aber mehrere Freijahre von allen Lasten und Abgaben an den Landesherrn, um aus den Ersparnissen die Hofwehren selbst zu beschaffen, welche dann natürlich Eigenthum der Landesherren wurden, weil diese ja ihnen durch Verzicht auf eigene Gefälle die Mittel dazu geboten hatten (Vgl. S. 26.)

Geben wir zum Schluß auch noch einige specielle Beweisurkunden aus den Amtsprotocollbüchern nach dem 30jährigen Kriege.

Zunächst für das unfreiwillige Beziehen der Bauerhöfe, welches wie eine Pflicht auferlegt, nicht wie ein Recht verliehen wurde.

Am 19. Juni 1649 giebt Bartels Köster aus Holstein,

welcher Grete Kiel aus Kampt heirathen will, sich dem Amte Schwaan unterthänig, wo er mit allen seinen Erben Zeit seines Lebens bleiben und daraus nicht weichen will. Auch will er, wie schuldig, nach 2 Jahren ein Katengehöft annehmen. — Ebenso 1649 Hans Holm aus Meltz, welcher Trine Möller aus Bandow heirathen will.

1648 erwirkt Bötin vom Herzog Adolph Friedrich Erlaubniß, daß er wegen Bewohnung eines Bauergehöftes und zur Dienstbarkeit nicht angehalten werden soll.

1655 ist Peter Schröder aus Rügen hergeholt und auf seine väterliche Stelle zu Salem gesetzt.

15. Juli 1658 ist Michel Rätebohm aus Frankenland aus dem Dorfe Pirchen bürtig vor Amt erschienen und hat gebeten, ihm zu gestatten, des Schulzen Winter zu Buchholz Tochter zu heirathen. Er giebt sich unterthänig, bittet aber, daß er auf keine Hufe oder Katenstelle möge gesetzet werden. So soll er ohne keine besondere Erheblichkeit dazu gezwungen werden.

Daß geradezu Gewalt angewandt worden, sagen natürlich die kurzen Notizen der Protocollbücher nicht, doch reden unzählige Beispiele, wonach Leibeigene auf wüste Hufen gesetzet sind, deutlich genug von der Art und Weise ihrer Gehöftsübernahme.

Niedergebrannte Gehöfte wurden aus Amtsmitteln vollständig wieder aufgerichtet:

1655. Weil auf Bunsen's Bauerstelle zu Fahrenholz, welche Schmidt aus Poel erhält, keine Scheure vorhanden, muß solche vom Amte dazu gebauet werden.

1655. Den Peter Schröder aus Rügen, welcher auf sein väterliches Gehöft zu Salem gesetzt wird, ist ein Wohnhaus aus herrschaftlichen Mitteln gebauet.

1658 ist Chim Schröder aus Kampt auf Höfert's Stelle zu Vorbeck gesetzt und hat dabei empfangen ein fertig Wohnhaus und einen neuen Katen.

1655 hat Breu aus Kampz Möller's Baustelle zu Vorbeck angenommen und dabei empfangen 1 fertig Wohnhaus.

1668 bittet der Freischulze Seemann zu Boitin: Nachdem sein Wohnhaus im Kriege eingeäschert, um gnädige Veranstaltung, daß dasselbe wieder gebauet werde, auch daß der Zimmerlohn (Arbeitslohn) von 50 Thlr. durch die fürstlichen Beamten zu Bützow bezahlet werde.

Ueber diejenigen Hülfen endlich, welche die Unterthanen an Saaten und sonstigen Hofwehrstücken entweder direct oder durch Erlaß an Gefällen u. s. w. erhielten, liegen im Großherzoglichen Archiv unter der Bezeichnung: „Kriegs- und Unterthanen-Hülfen" so zahlreiche specielle Verzeichnisse, daß sie ganze Wände bedecken. Unbedingt darf man behaupten, daß, wenn nicht schon früher die Hofwehr nach dem Recht der Leibeigenschaft (wie von Balthasar S. 26 nachweist) der Grundherrschaft gehört hatte, jedenfalls letztere nach dem 30jährigen Kriege durch ihre Wiederbeschaffung die gerechtesten Eigenthumsansprüche daran erworben hat.

Zur Vollständigkeit unserer Abhandlung bleibt uns jetzt nur noch eine Frage zu beantworten:

5) **Wie haben sich die Verhältnisse unserer Bauern seit den Reversalen von 1621 und seit Beendigung des 30jährigen Krieges gestaltet?**

Nach so schweren Leiden war dem armen Landvolk wohl dauernd Ruhe und langjähriger Friede zur Erholung nothwendig, aber nicht beschieden. — Der Westphälische Frieden von 1648 beendigte zwar den 30jährigen Krieg, überlieferte aber die Stadt Wismar neben den Aemtern Poel und Neukloster dem Königreich Schweden, in dessen blutige Kämpfe jene neuen Gebietstheile und mit ihnen ganz Mecklenburg hineingezogen wurden. — Schon 1655 begann der Krieg zwischen Schweden und Polen, und besonders die Jahre 1659 und 1660 brachten durch stete Durchzüge der Kaiserlichen, Schweden, Polen, Brandenburger und durch unerschwingliche Contributionen neues Verderben. Es folgte 1675—1679 ein Krieg zwischen Schweden und Brandenburg, an dem sich auch Dänen und deutsche Reichstruppen betheiligten, welche unaufhörlich unser Vaterland überschwemmten. Die Schrecken des nordischen Krieges von 1711—1716 verschonten auch Mecklenburg nicht, wovon die wiederholte Eroberung Wismar's, das Schlachtfeld bei Gadebusch zeugen. Unmittelbar daran schlossen sich die bekannten Wirren mit Herzog Carl Leopold 1716—1735, welche eine längere Verpfändung fast des dritten Theiles unserer Domainen an Hannover und Preußen zur Folge hatten. Ueberaus unheilvoll war wieder der 7jährige Krieg 1756—1763, in welchem Mecklenburg-Schwerin gegen Preußen Parthei ergriff, und von seinem mächtigen Nachbarn unendlich viel zu leiden hatte, Boll, Mecl. Gesch., Thl. 2, S. 300 ff. Besonders im südöstlichen Mecklenburg wurden Land, Volk und Dörfer mit Feuer und Schwert vernichtet, und es soll sich hier kein älteres Gehöft aus der Zeit vor diesem Kriege mehr finden, Archiv für Landeskunde von 1866, S. 290. Im Archiv v. 1865, S. 485, heißt es:

> ein großer Theil des Landes befand sich in den Händen eines Feindes, der nicht nur Geld von den Bewohnern preßte, sondern außerdem Schlachtvieh und Pferde den Eigenthümern ohne Weiteres wegnahm, Korn und Lebensmittel für gute Prise erklärte; der, was er nicht brauchen konnte, z. B. nicht fertige Leinewand auf den Webstühlen, mit seinen Säbeln zerfetzte, Haus- und Küchengeräth aus purem Muthwillen zerschlug; der die Armen, die nichts mehr hatten, körperlich mißhandelte, die kräftigeren Männer, gleichviel ob verheirathet oder unverheirathet, zu Soldaten preßte — kurz, es war für Mecklenburg eine schreckliche Zeit! —

Im Anfange unseres Jahrhunderts endlich herrschten auch hier die französischen Eroberer — und erst nach deren Verjagung ist unser Landvolk zur Ruhe gekommen, nach welcher es fast zwei Jahrhunderte hindurch vergeblich sich gesehnt hatte. —

Bis in unser Jahrhundert hinein waren also die äußeren Verhältnisse wenig günstig für die freiere Entwickelung unserer Bauern — und von Innen heraus war ebensowenig an Hülfe zu denken.

Bekannt genug ist, daß nach dem 30jährigen Kriege besonders durch Zusammenlegen der wüsten Bauerhufen die großen Höfe entstanden. Dieselben sollten freilich nach Amtsordnung von 1660 III. (Parchim'sche Ges.-Sammlung, neueste Auflage, Nr. 1006) mit dem erforderlichen eignen lebenden und todten Inventar besetzt werden, doch fehlten dazu die Mittel, und so lag es nahe, die Bauern, welche eben erst auf landesherrliche Kosten neu eingerichtet waren, — wenn auch nicht selbst zur Hergabe der Einsaaten (wie Herr Wiggers in seiner „Vererbpachtung 2c." S. 17 behauptet), denn dies war eine natürliche Unmöglichkeit — so doch zur Gestellung ihrer Anspannung und zur Leistung ihrer Dienste bei der Bearbeitung des Hofackers zu verpflichten. Die Frohnden wurden dadurch drückender als je zuvor, Trägheit und Widersetzlichkeit mit „harter Leibesstrafe und Lohnentziehung" gebüßt, vgl. Amtsordnung v. 24. Juli 1674, 1 (Parchim'sche Gesetzgebung Nr. 1007), die Hufenerträge mit der übergroßen Anspannung verfuttert, und den Bauern blieb nur — die Flucht! Zahlreich sind die dagegen ergangenen, aber immer vergeblichen Verbote, welche bis ans Ende des vorigen Jahrhunderts sich erstrecken, z. B. die Gesindeordnung von 1654 tit. II, Amtsordnung von 1660, II 7; die Amtsordnung v. 1674 verpflichtet sogar sämmtliche Bauern desselben Dorfes, ihren der Flucht verdächtigen Mithauswirth beim Amte anzuzeigen, resp. ihm nachzusetzen, wobei dem Säumigen harte Strafen angedrohet und gar auferlegt wird, „in des Entlaufenen Stelle einen Andern zu schaffen und den Hof wieder zu besetzen;" vgl. noch Boll, Mecfl. Gesch., Bd. 2, S. 566 ff.

An festere Besitzesrechte der Bauern war unter diesen Umständen gewiß ebensowenig zu denken. Selbst Herrn Wiggers „Reform" S. 29 muß dies wenigstens nach dem 30jährigen Kriege zugestehen. Um Mitte des 17. Jahrhunderts wurden von allen Aemtern genaue Inventarien aufgenommen und darin die Pflichten und Leistungen der Bauern Dörferweise specificirt; wir haben aber „eine Erblichkeit" der Hufen nur beim Amte Boitzenburg in einzelnen Fällen erwähnt gefunden. Dort heißt es im Inventar- und Amtsbuch von 1640 zuweilen: die Hufe ist von N. N. für sich und seine Erben erblich abgenommen. Bei den Namen der einzelnen Hüfner stehen aber gleichzeitig noch andere z. B. im Dorfe Besitz: „1648 hat Kerwack angenommen, modo Hans Mester, modo Claus Rielandt" — d. h. der Erste lief sofort wieder weg und die Anderen beeilten sich, ihm zu folgen. Wie es mit der Erblichkeit der Bauerhufen im Dorfe Besitz aussah, bezeugt die gleichzeitige Ortsbeschreibung im Inventarium: „in diesem Dorfe haben vorher 4 Kossaten gewohnt; wie aber Joh. 1633 hier eine Veränderung vorgenommen, und 16¼ Hufen gemachet, ist zu jedem Bauerkathen eine volle Hufe gelegt, und also die Kossaten abgeschafft. Weil ferner den Bauern 1633 das Kuhlendorfer Feld abgenommen und eine Schäferei dahin geleget, so ist ihre Pacht bestimmt ic." — Die Vollhüfner zu Bandekow und Gülze, A. Boitzenburg, werden gleichzeitig nach Abnahme von Land aus Vollhüfnern Halbhüfner ic. — Den Ausdruck „Erben" finden wir außerdem noch in manchen fürstlichen Mandaten an die Beamten: „sich zu erkundigen, ob noch Erben zu den wüsten Hufen vorhanden seien, und dieselben herbeizuschaffen." Selbst in Hausbriefen dieser und späterer Zeit geschehen „erbliche Gehöftsverleihungen." Diese Bezeichnungen bedeuteten aber ersichtlich nicht ein Recht am Gehöfte, denn diesem hätten die Bauern, wie wir nachgewiesen, nur zu gerne entsagt, sondern eine Pflicht, eine Zugehörigkeit zur Hufe, wie sie überall hervortritt. So heißt es denn auch in der Gesindeordnung v: 1654 tit. II, § 4:

> da einer eine Wittwe dieser Zeit über ohne Erlaß und Bewilligung gefreiet, und sich zu ihr aufs Gehöft begeben, sollen die Kinder 1ster Ehe zur Besetzung selbigen Gehöfts dem früheren Eigenthumsherrn verbleiben.

Nach Amtsordnung v. 24. Juli 1674 § 7:

> soll keinem freien Knecht hinfüro erlaubt oder vom Amte zugegeben werden, sich mit Unserer Amtsunterthanin zu verheirathen, es sei denn, daß sie sofort einen Hof bewohnen, oder aufbauen wollen — — inmaaßen auch die Knechte, welche unterthan seien und heirathen wollen, nicht auf ihre eigene Hand liegen sollen, sondern sofort, wenn sie geheirathet, auf die Höfe, wohin sie die Beamte begehren werden, zu ziehen schuldig sein.

Wir sehen, die unter 4 geschilderten Zustände dauerten ununterbrochen fort, und beziehen uns statt specieller Beispiele auf die zahlreichen Gehöftsacten der Aemter, welche tausendfach bezeugen werden, daß bis ans Ende vorigen Jahrhunderts und selbst noch darüber hinaus von einer geregelten Gehöftsnachfolge sich keine Spur findet, und bei Besetzung der Gehöfte „auf Tüchtigkeit der Hauswirthe und auf landesherrlichen Nutzen billig mehr gesehen wurde, als auf der Bauern vermeinte nichtige Anmaßung", wie ein Herzogliches Circular v. 14. Sept. 1637 ausdrücklich vorschreibt.

Aus dem Fehlen eines festen Besitzesrechtes ergab sich wieder die Unmöglichkeit der Contrahirung von Schulden auf die Gehöfte, der Beschaffung irgend welchen Credits in Nothfällen. Jegliches Borgen auf's Gehöft wurde für nichtig erklärt, vgl. Bauernordnung v. 1702, §§ 29 und 37, Verordnung v. 8. Januar 1770; wie früher, haftete auch nur das Allod nach Vorabnahme der herrschaftlichen Hofwehr. Hier ein drastisches Beispiel aus dem Schwaaner Amtsbuch:

> 8. März 1702 ist Knecht Görries auf Gerdes Stelle zu Papendorf gesetzt. Weil der abgesetzte Gerdes die Schulden zu bezahlen nicht des Vermögens ist, daher auch der junge Görries solche nicht auf sich nehmen kann, so werden Gläubiger hierdurch mit ihrer Schuld abgewiesen, und mögen ihren Glauben suchen, wo sie ihn gelassen haben, allemaßen hier das Sprichwort wahr wird: wo Nichts ist, hat der Kaiser sein Recht verloren.

Selbstverständlich erforderten die in so trauriger Lage befindlichen Bauern, wenn sie ihren Pflichten genügen und nicht ganz zu Grunde gehen sollten, nach wie vor große Opfer der Grundherrschaft. — Zunächst die Bauten anbelangend, so machte die Amtsordnung vom 24. Juli 1674, § 8, die unentgeltliche herrschaftliche Lieferung des Holzes zur Regel, welche durch Verordnung vom 10. Sept. 1767 wiederholt und im Uebrigen dahin erläutert wurde, daß die Dachschöfe und die Fuhren von den Mithauswirthen zu leisten seien. Die Verordnung von 1769 ging aber noch einen Schritt weiter, denn sie gebot:

> den Bau mit dem Hauswirth zu behandeln, und ihm, neben den Rohmaterialien an Mauersteinen und Holz, etwas Gewisses nach Proportion des Hufenertrags an baarem Gelde zu Hülfe zu geben,

und ist bis in unser Jahrhundert hinein maßgebend geblieben. — Wie große Verwendungen ferner die Grundherrschaft auf die

Hofwehren gemacht hat, erhellt zur Genüge aus der Beamten-
ordnung vom 24. Mai 1687, wo es wörtlich heißt:

> demnach Unsere Cammer vielfältig behelligt worden, den
> Unterthanen Brot- und Saatkorn, wie auch Zugvieh zu
> geben, welches wir auch, soviel möglich, ihnen reichen
> lassen, und eine Zeit her gar zu viel von ihnen gesuchet
> worden, in Betracht es Unserer fürstlichen Cammer un-
> erträglich gefallen — —

ferner:

> weil Unsere Cammer von vielen Unterthanen angelaufen
> wird, ihnen mit Vorspann an Pferden und Ochsen zu
> helfen, so auch eine geraume Zeit geschehen, und ein
> Großes sich beträget,

und worin dann den Beamten und Pächtern befohlen wird, ihrer-
seits den Bauern die erforderlichen Vorschüsse zu machen. Daß
jene dies eben nicht gethan haben, liegt auf der Hand und wird
durch die im Archiv befindlichen, überaus voluminösen Acten über
„Unterthanenhülfe" bestätigt, welche bei gehöriger Zusammenstellung zweifellos ergeben würden, daß alle Hofwehren wenigstens
einmal, und die meisten sogar mehrfach von der Grundherrschaft
hergegeben sind. Der Kammerdirector Wachenhusen, der doch
gewiß unsere domanialen Verhältnisse kennen mußte, berechnet
1750 in seinen „Gedanken über die Aufhebung der Leibeigenschaft"
die jährlichen Bauerhülfen auf 50,000 Thlr., wozu noch jährlich
24—30,000 Thlr. für Bauten kamen — wir überlassen unseren
Lesern die Zusammenstellung der daraus im Laufe der Zeit resultirenden vielen Millionen. Die Herrschaft verbot dagegen natürlich im eignen Interesse jegliche Verpfändung oder Veräußerung der Hofwehren durch die Bauern aufs Schärfste, vgl. Amtsordnung vom 24. Juli 1674, 5, vom 24. Mai 1687, III., IV.,
Verordnung vom 8. Januar 1770, vereinnahmte aber auch den
baaren Erlös überflüssig gewordener und deshalb verkaufter Stücke,

z. B. entbehrlicher Pferde, wenn nach Aufhebung des Hofdienstes die bäuerliche Anspannung gemindert wurde, Verordnung vom 28. August 1778.

So sind wir denn durch die Reihe der Jahrhunderte allmälig zu unserer Zeit gelangt, und hoffen nachgewiesen zu haben, daß der Bauer überall kein historisches Recht weder an Hufe, noch an Gehöft, noch an Hofwehr besitzt. Vor 50 Jahren hätten wirs leichter gehabt, denn damals wußte dies Jedermann, und der Bauer las es nicht aus Schriften, sondern ließ sich von seinen Eltern erzählen und erfuhr selbst täglich in sehr persönlicher Weise, wem denn eigentlich die ihm gelassenen Ländereien, Gebäude und Inventarien gehörten. Jetzt ist es anders geworden! Ein liberaler Wortführer malt unter offenbarster Verkennung unserer Landesgeschichte den Bauern goldene Bilder ihrer Vergangenheit, die auch jetzt wieder zur Wirklichkeit gedeihen sollen — und jene vergessen Alles, was ihnen bis dahin unumstößliche Wahrheit war, und folgen blindlings dem neuen Heilspropheten, und schwelgen im Gefühl uralter Rechte und Freiheiten, die doch thatsächlich nie bei uns existirten. Selbst alle mecklenburg'schen Schriftsteller, welche Herr Wiggers für seine Ansicht citirt, — die Wachenhusen, Eggers, v. Bülow u. s. w. reden deutlich genug von den ihnen practisch wohlbekannten Wirkungen der Leibeigenschaft, bei welcher Eigenthum und Erhaltungslast der Hufen, Gehöfte, Hofwehr dem Grundherrn gebührten — aber Herr Wiggers ignorirt dies, und giebt einzelne aus dem Zusammenhang gerissene und in dieser Gestalt wenigstens zweifelhaft erscheinende Sätze, und beruft sich im Uebrigen auf ein ungedrucktes Manuscript, aus welchem er Beispiele nennt, die wir oben theilweise schon von vornherein als unrichtig verstanden dargelegt haben. Und derselbe Herr rühmt sich in „seinen Finanzverhältnissen" ꝛc. S. 228 des „von ihm mit der Waffe der wissenschaftlichen Wahrheit geführten Kampfes, von welcher nachdrücklich Gebrauch gemacht und die öffentliche Meinung aufgeklärt sei." Geht man aber auf den Grund sämmtlicher Wiggers'schen Schriften, so bleiben nur Gebilde blinder Partheilichkeit. —

Doch sehen wir weiter, wie die bäuerlichen Verhältnisse im laufenden Jahrhundert sich gestaltet haben. — Anbelangend zunächst das vermeintliche Recht an der Hufe, so haben wir bereits unter 3) a. E. gelesen, wie unser höchstes Landesgericht darüber sich ausgesprochen hat. Dasselbe sagt noch am Schlusse seiner Entscheidung:

> endlich hat Klägerin für sich eine unvordenkliche, in allen Fällen sich gleich gebliebene Observanz angezogen, wonach von jeher bei Erledigung der Bauergehöfte als unverletzliche und unbestrittene Regel beobachtet worden, daß dieselben nur den gehöftsfähigen Kindern des letzten Besitzers ohne Unterschied des Geschlechts und mit Ausschließung jedes andern Prätendenten zuzutheilen.

Sollte Klägerin hiermit ein gewohnheitliches Erbrecht andeuten wollen, so würden ihr dabei nicht nur die angezogenen gesetzlichen Dispositionen, sondern auch eine stündliche Erfahrung entgegengetreten. Sie scheint aber selbst nur auf gleichförmige Praxis der administrirenden Behörden zu zielen: diese indeß vermag ihr keine klagbaren Rechte zu gewähren.

Herr Wiggers (Reform S. 39) deducirt ein „Erbrecht an den Hufen und ein dauerndes Besitzverhältniß zu denselben" aus dem landesherrlichen Rescripte vom 3. Decbr. 1810 und dem Kammer-Circular vom 25. October 1836. Aber bekanntlich hob ersteres gleich dem Rescripte vom 1. November 1808 (Raabe, Meckl. Ges.-Sammlg. Bd. 1, S. 38 u. 39) nur die Vortheile einer Zeitverpachtung vor einer Interimswirthschaft hervor, und das Circul. vom 25. October 1836 lautet wörtlich:

da die Bauerfamilien in den Domainen auf ihre erbliche Erhaltung bei den Hufen, wo diese nicht in Erbpacht gegeben sind, nur insoweit Anspruch machen können, als ihnen die bezügliche Conservation Seitens der Allerhöchsten Grundherrschaft verheißen worden, bisher ihnen jedoch hierunter ein Mehreres nirgends zugesichert ist, als was auf den Grund der bestehenden Kammerüblichkeit die Pachtcontracte der Hauswirthe allgemein und gleichlautend dahin feststellen:

> daß im eintretenden Sterbefalle nach Befinden einer der ehelichen Söhne, in der Regel der älteste, in Ermangelung ihrer eine der ehelichen Töchter, in der Regel die älteste, — — beim Gehöft conservirt wird, ein weiteres Erbgangsrecht aber nicht stattfindet — — —

und ferner:

> eine Gehöftsverleihung darf niemals als erblich für den Antreter und dessen Erben geschehen — — wie denn überhaupt Alles sorgfältig zu vermeiden ist, was zu der Idee einer Erweiterung der durch den Contract nur gewährten Gehöftsnachfolge irgend Anlaß geben könnte

und bedarf keines weiteren Commentars.

Auf dem s. g. Dorfs-, d. i. dem sämmtlichen Hauswirthen desselben Dorfes auf 12—14 Jahre verliehenen bloßen Zeitpacht-Contracte beruhet also die ganze bäuerliche Gehöftsnachfolge, und wenn jener auch nach seinem jedesmaligen Ablauf schon seit dem Ende vorigen Jahrhunderts durch landesherrliche Gnade, wenngleich mit manchen Abänderungen, immer wieder erneuert zu werden pflegt, so haben doch dadurch die Bauern an sich keine anderen Rechte als diejenigen Pächter großer Höfe, deren Zeitpachtcontracte, wie es früher häufig geschah, durch mehrere Generationen prolongirt wurden. — In „Reform" S. 24 heißt es weiter:

selbst der engere Ausschuß von Ritter- und Landschaft macht in einem Bericht vom 17. Sept. 1847 das officielle Zugeständniß, daß vor dem 16. Jahrhundert die den Bauern verliehenen Rechte erblich gewesen seien. Die betreffende Stelle lautet wörtlich: sowie in allen deutschen Ländern entstanden auch schon früher in Mecklenburg bäuerliche Verhältnisse, und ward vor dem 16ten Jahrhundert bei Verleihungen zu Hof- und zu Erbzinsrecht die verliehene Stelle erblich, wenigstens eine Erblichkeit des Besitzers begründet.

Aber wer bestreitet denn diese Erblichkeit, wenn einzelne erbliche Verleihungen vorkamen — und folgt hieraus, daß letztere die Regel waren? — Als letzten Treffer spielt endlich Herr Wiggers S. 32 die Behauptung aus, daß nach neueren Ermittelungen der Volkswirthschaftslehre die Theorie der Bodenrente falsch und ein total veralteter Standpunkt sei; der Grund und Boden an und für sich habe gar keinen Werth: nur durch die darauf verwandte Arbeit gewinne er denselben; wer diesen Werth geschaffen habe, sei der Eigenthümer. Dann aber wird in häufigen Fällen das Eigenthum der Bauerländereien nicht den Bauern gebühren, sondern den Tagelöhnern — dann sind letztere zweifelsohne jetzt Eigenthümer der s. g. Einlieger-Competenzen, d. h. derjenigen Ackerstücke, welche jenen seit etwa 30 Jahren auf Zeitpacht verliehen werden und von ihnen großentheils erst aus der Weide aufgebrochen und urbar gemacht sind — dann wird in gerechter analoger Ausdehnung auch den Fabrikarbeitern das Eigenthum an den Erzeugnissen zukommen, die erst durch ihre mühsame Gewinnung und Formung aus dem Rohstoff ihren jetzigen Werth erhalten haben! — Wir überlassen unseren Lesern die weitere eigne Ausführung der wunderbaren Consequenzen jener modernen Lehre, als deren Jünger Herr Wiggers so offen sich bekennt!

Im Uebrigen sind unsere jetzigen bäuerlichen Verhältnisse bekannt genug, und bedürfen hier deshalb nur flüchtiger Erwähnung. — Jeder Bauer weiß, daß er keine Schulden auf sein Pachtgehöft machen kann und deshalb des Realcredits entbehrt. Er hat es häufig genug, besonders im Jahre 1848 bei der Ländereidotation der Einlieger, schmerzlich empfunden, daß er nach Ablauf seines Contracts mancher Areal-Veränderung seiner Hufe ohne Entschädigung sich unterwerfen muß, und scheuet deshalb nicht selten größere wirthschaftliche Verwendungen auf Flächen, die er vielleicht bei nächster Regulirung abtreten muß. Statt der früheren Frohnden und Naturaldienste sind bereits im vorigen Jahrhundert Dienstgelder, und seit etwa 50 Jahren Geldpächte eingeführt, die aber nicht für alle Zeit fixirt, sondern in Grundlage wechselnder Veranschlagungsprincipien der Erhöhung unterworfen sind. Die s. g. herrschaftlichen Hofwehren gehören — soweit sie nicht in neuerer Zeit von den Bauern durch Kauf eigenthümlich acquirirt sind, welchen Falls wohlerworbene Rechte daran stets aufs Strengste geachtet sind — der Landesherrschaft; und wenn Herr Wiggers (Reform S. 89) meint, daß letztere längst jene verloren habe, weil sie in lauter zerstörbaren Dingen beständen, die, einmal verbraucht, doch für den Eigenthümer aufhörten, so kann jeder schlichte Bauer ihn darüber belehren, daß bei jeder Veränderung in den Personen der Geschäftsinhaber die herrschaftlichen Hofwehren wieder nach ihrem ursprünglichen Bestande ergänzt und die Nachfolger zur dereinstigen Wiederablieferung derselben stricte verpflichtet werden. Ebenso sind die Gehöftsgebäude Eigenthum der Grundherrschaft, welche zu ihrem Bau Material und theilweise selbst baare Gelder hergiebt resp. dem Hauswirth die Brandgelder überweist. Die durch dies Alles gebotene Sorge für Erhaltung der herrschaftlichen Eigenthumsstücke unterwirft endlich den Bauern manchen contractlichen Beschränkungen der Wirthschaft und des Gebrauches.

Hiernach ist es offenbar, daß unsere Mecklenburger Bauern, wenngleich jetzt persönlich frei, doch betreffs ihrer Besitzthümer rechtlich nicht besser daran sind, als ihre Väter seit Jahrhunderten — und wenn sie dennoch in der Gegenwart nicht verkümmert und verdorben sind, sondern in mäßigem Wohlstande sich durchgehends sehr wohl befinden auf ihren Hufen und zu dem kräftigen Kern eines tüchtigen Standes im Staate sich mehr und mehr entwickeln, so ist dies mehr als Alles gewiß ein redendes Zeugniß für die echt landesväterliche Gesinnung unserer Fürsten, die den Bauern trotz mancher ihn beengenden Schranken so wohl zu heben verstanden. Aber die jetzige neue Zeit verschmähet jede fernere „patrimoniale" Fürsorge, sie verlangt Männer, die auf eignen Füßen stehen, sie fordert Decentralisation und möglichst selbständige ländliche Gemeinden, welche aber immer nur dann gedeihen können, wenn ihre Hauptträger, die Bauern, erst zu festen und durchaus gesicherten Besitzesrechten gelangt sind. Unser fürstlicher Landesherr kommt auch solchen Anforderungen mit Freuden entgegen, Er gewährt Bedingungen für den allgemeinen Erwerb der Bauergüter, wie deren Innehaber nie hoffen können, wie sie allen bereits früher auf Erbpacht Gegangenen zu keiner Zeit angeboten sind, vor Allem ist es Ihm um „Schaffung eines unabhängigen Standes" zu thun, und wohl darf allgemeine Freude und Dankbarkeit erwartet werden. Doch — „glückliche Menschen" dürfen in Mecklenburg nun einmal nicht existiren, und die Agitation erwacht auf allen Seiten, und zahlreiche auf Vereinskosten beschaffte aufreizende Schriften werden in die Bauerhäuser colportirt, und vor Allem Herr Moritz Wiggers erhebt seine Stimme, und verkündet den Bauern, daß von „Bedingungen" des Erwerbs der Hufen hier überall keine Rede sein könne, sondern Ländereien, Gebäude, Hofwehren, Saaten ihnen von Rechtswegen umsonst gebühren!

Wie sehr Herr Wiggers bei solcher Behauptung sich im Irrthum befindet, hoffen wir im Laufe dieser Abhandlung, deren Hauptinhalt grade auf das vermeintliche historische Recht der Bauern gerichtet war, zur Genüge nachgewiesen zu haben; wie maaßlos falsch derselbe bei Abwägung der bäuerlichen Vor- und Nachtheile gerechnet hat, ist vielfach durch die Tagespresse dargelegt — nur in der Kürze wollen wir deshalb zur Vollständigkeit noch einmal die Bedingungen und Resultate der jetzigen Vererbpachtung wiederholen. Jene basiren in ihren **Grundprincipien** auf dem Allerhöchsten Rescript vom 16. November 1867, und sind inzwischen durch mehrere **Ausführungs-Verordnungen** Großherzoglicher Kammer ergänzt; wenn also Herr Wiggers letztere nicht abwartete, sondern sich beschränkte, seine Angriffe lediglich gegen die **allgemeinen** Normen des ersteren zu richten, so zeigte er nur wieder, wie voreilig er hier vorgegangen ist.

1) **Die Erbpacht ist zur Grundlage der bäuerlichen Besitzesveränderung gewählt, während Herr Wiggers freies Eigenthum empfiehlt.** Er beruft sich dafür (Reform S. 6—21) auf eine Reihe Mecklenburg'scher Schriftsteller — um gleich darauf (S. 68) und mit Recht, einzugestehen, daß diese „einsichtsvollen und wohlwollenden Männer auch nur das Erbpacht-Verhältniß im Auge hatten, und nicht das volle unbeschränkte Eigenthum der Bauern gewähren wollten." Herr Wiggers hat also Gewährsmänner für uns citirt, die wir gerne gelten lassen.

Derselbe führt uns (S. 41—59, 86—89) die **preußische** Gesetzgebung entgegen, welche den dortigen Bauern freies Eigenthum gewährt habe. Wir haben schon bei anderer Gelegenheit erwidert, daß in **Mecklenburg** agnatische Rechte zu berücksichtigen seien, und bedurften dazu „keiner Einweihung in die höhere Diplomatie" (S. 59), sondern eines einzigen Blickes auf Hagemeisters Meckl. Staatsrecht S. 220:

> anderweitige Veräußerungen solcher Cammergüter, welche schon bei Errichtung des Hamburger Vergleiches (1701)

von den beiden Linien der regierenden Familie besessen wurden, dürfen außerhalb des fürstlichen Gesammthauses der Regel nach nicht geschehen, und können als ungültig angefochten werden.

Wir beziehen uns hierbei ferner auf die Worte seines Reichstags-Collegen Herrn Dr. Prosch in dessen „offenem Schreiben" S. 60:

> die hier in Rede stehende Maaßregel (Vererbpachtung) gehe bis an die äußerste Grenze desjenigen, was verfassungsmäßig zulässig sei, und vielleicht schon ein Merkliches darüber hinaus,

— und überlasse diesen beiden Herren ihre gegenseitige Ausgleichung.

Wenn ferner Herr Wiggers (S. 59, 60) auch schon die Vererbpachtung für Veräußerung hält und die entgegengesetzte Ansicht neuerer Mecklenburg'scher Gesetzesmotive zu „subtil für sich befindet, auch von einer Abschweifung auf das Gebiet der hohen Jurisprudenz sich fern halten will," so wird er doch unmöglich verlangen, daß auch die ganze übrige Welt seine juristische Einseitigkeit und Antipathie theile. — Wenn derselbe endlich (S. 60) auf die Häusler im Domanium sich beruft, denen doch neuerdings freies Eigenthum verliehen sei, so empfehlen wir ihm dagegen eine genaue Prüfung der neuen Häuslerbedingungen vom 14. November 1868, welche von Uebertragung ungetheilten Eigenthums keine Silbe enthalten.

Im Uebrigen werden wir weiter unten sehen, wie sehr die jetzt beabsichtigte Erbpacht von der bisherigen sich unterscheidet und sich dem Eigenthume nähert.

2) Diejenigen Hufen, welche von den Bauern unter den gestellten Erbpacht-Bedingungen nicht angenommen werden, fallen zu anderweitiger freier grundherrlicher Verfügung zurück. — Formell ist die Ausführung der ganzen Maßregel dadurch gesichert, daß schon

seit einer Reihe von Jahren in den Zeitpachtcontrakten der Bauern deren Aufruf für den Fall allgemeiner Vererbpachtung reservirt ist — ferner rechtlich unbedenklich gegenüber dem vermeintlichen bäuerlichen Anrecht, weil ein solches erwiesener Maaßen nie existirt hat. Auch abgesehen hiervon sind, wie wir weiter unten sehen werden, den Bauern die billigsten Bedingungen gestellt, durch welche eine sehr gute Existenz in den neuen Verhältnissen ihnen verbürgt wird. Andererseits erschien es zur Vermeidung naheliegender Unzuträglichkeiten durchaus nothwendig, die bald= mögliche und gleichmäßige Durchführung dieser wichtigen Operation auf jegliche Weise zu sichern, — sei es nöthigenfalls auch durch Zwang, der freilich der Agitationspartei sehr unbequem und ein Dorn im Auge ist. Es war zweifelsohne zu er= warten, daß die Bauern, wenn keine unberufenen Rath= geber darein geredet hätten, auch ohne jegliches äußere Drängen mit Freuden acceptirt hätten, — ebenso entsprach es aber auch durchaus ihrer Natur, daß jene die billigsten herrschaft= lichen Offerten ablehnten, wenn ihnen von anderer Seite, wie es geschehen, ganz unentgeltlicher Uebergang in ihr neues Ver= hältniß in Aussicht gestellt wurde. Die Herren hatten freilich gut reden, da sie wußten, daß sie nicht beim Worte genommen wurden! Wie sehr sie übrigens in Mecklenburg von jeher auf diesem Felde thätig gewesen sind, beweist schon das Vererbpach= tungsrescript Herzogs Carl Leopold vom 19. Februar 1715 (Parchim'sche Gesetzsammlg., neueste Auflage, Bd. 4, S. 50):

> Wenn sich aber dem Verlaut nach einige unterstehen sollten, den Leuten, so bereits sich zu solchen Pachtungen angegeben, und Belieben dazu haben, davon widrige Meinungen beizubringen, und dieselben wegen ihres da= bei habenden Eigennutzes davon abzuhalten: so haben wir davor männiglich warnen wollen, sich dergleichen ferner zu enthalten, wiewohl wir zu jedem getreuen Unter=

than das gnädigste Vertrauen haben, daß er sich an
dergleichen Geschwätz nicht kehren, sondern seine
eigene Wohlfahrt vorziehen, und uns diejenigen, welche
sich dessen unterstehen mögten, anzeigen wird, damit wir
solche Leute Anderen zum Exempel zur gebührenden
Strafe ziehen können. —

Die Sitten sind seit jener Zeit milder geworden, an Strafen wird nicht mehr gedacht, und die Herren können deshalb recht furchtlos und ohne Scheu darauf los reden.

3) Die Hufen, wie sie bleiben oder werden, sollen in Erbpacht gegeben werden. — Zum letzten Male macht die Grund= herrschaft von ihrem Rechte Gebrauch, den Arealbestand der Bauerländereien zu verändern, jedoch soll durch diese Neuregulirung die bestehende Eintheilung wesentlich nur insoweit ergriffen werden, als sie bedeutende Mängel enthält und ferner dringende anderweitige Bedürfnisse herantreten. Dahin gehört vor Allem die Schaffung von Grundbesitz für die demnächst zu bildenden Gemeinden, durch welchen erst dieselben eine unabhängige Stellung und die dauernden Mittel für eigne Uebertragung der öffentlichen und Communallasten gewinnen können. Das zukünftige Gemeinde= land soll regelmäßig fünf Procent des Flächeninhalts der ge= sammten Feldmark enthalten. Ein tüchtiger Kern dazu findet sich bei den meisten Dörfern schon in den s. g. Einlieger-Competen= zen, d. h. denjenigen Ackerparcelen, welche von der Grundherr= schaft für billigen Anschlag an die Tagelöhner bis jetzt überlassen wurden, jetzt aber, wo die patrimoniale Fürsorge gegenüber der freien Bewegung fernerhin unanwendbar ist, nicht weiter verliehen, sondern nebst anderweitigen passenden Reservaten zum Gemeinde= land geschlagen werden sollen. Was dann noch daran fehlt — und in den Aemtern mit leichterem Boden wird dies nur eine Ausnahme sein, weil dort die Einliegerländereien meistens schon mehr als fünf Procent enthalten — wird allerdings regelmäßig

den Ländereien der Bauern entnommen, doch verlieren diese eigentlich dadurch nicht, weil ja ihre Gemeindelasten gerade durch die Erträge des Gemeindelandes erleichtert und gedeckt werden.

Die durch demnächstige Gemeindeorganisation ersparten staatlichen Verwaltungskosten berechnet Herr Wiggers (Vererbpachtung ꝛc., S. 11) auf jährlich 400,000 Thlr., d. i. capitalisirt 10 Millionen. Als gründlicher Reformer würde er dadurch die völlige Beseitigung der bisherigen Kammer- und Aemter-Administration herbeiführen — doch wird er sich selbst eingestehen müssen, daß er hierin viel zu weit geht, wie denn ja auch in den gewiß nach sparsamen Principien neu organisirten preußischen Provinzen Hannover und Hessen die alt bewährte Aemter-Verfassung conservirt ist, und ferner der durch die Vererbpachtung bedeutend gesteigerte Hypotheken- und Curatel-Betrieb mehr Arbeitskräfte als bisher erfordern wird. Irgend ein Ersparniß-Exempel läßt sich hier also noch gar nicht aufstellen. — Herr Wiggers (Reform S. 78 und 79) will wenigstens die Kosten der Armen- und Medicinalpflege, der Schulen, der geistlichen Bauten mit zusammen mehr als 100,000 Thlr. dem Staate sparen und auf die Bauern wälzen. Wir verweisen ihn dagegen auf die schon auf Gemeindeorganisation basirende Armenordnung vom 31. Juli 1865, wonach die herrschaftlichen Hülfen (im Etat von 18⁵⁰/₆₁ mehr als 77,000 Thlr.) großen Theils noch von Bestand bleiben — wir überlassen ihm zu erwägen, ob unser Staat bei seinem regen Interesse für Schulen und Lehrer deren Dotation wohl ausschließlich den Gemeinden übergeben wird — wir führen ihn endlich zu der Verordnung vom 27. December 1824, wonach die landesherrlichen Patronatbeiträge zu geistlichen Bauten (nach Etat 18⁵⁰/₆₁ mehr als 30,000 Thlr.) auf Landesgesetz beruhen und im Administrativ-Wege nicht aufgehoben, also auch von der neuen Gemeindeeinrichtung gar nicht betroffen werden können. Endlich fragen wir Herrn Wiggers, ob er denn die Erträge der auf die Gemeinde übergehenden Einlieger- und anderen Reservate (nach Beiträgen zur Statistik 1865, Bd. 4, S. 207 mehr als 10 Millionen Quadratruthen) für Nichts rechnet?! — Wahrlich, wenn je, so hat Herr Wiggers sich hier als schlechten Finanzmann bewiesen.

4) Ganz unentgeltlich behalten die Bauern von ihren Ländereien bis zu 120 bonitirten Scheffeln, wo aber diese — nämlich bei gutem Acker und höherer Bonität — keine 18,000 ☐R. ausfüllen, letztere Fläche. — Für den Rest zahlen sie den nach Veranschlagungsprincipien vom 1. Febr. 1865 (mit Nachträgen) ermittelten 25fachen Canon als Erbstandsgeld.

Nach „Beiträgen zur Statistik Mecklenburgs", Bd. 4, S. 193, werden in 27 Aemtern 60—140, in 17 Aemtern 140—260 Quadratruthen auf einen bonitirten Scheffel gerechnet; wir überlassen deshalb getrost dem Leser, zu ermessen, eine wie überreichliche Anzahl von Quadratruthen und bonitirten Scheffeln hiernach rein verschenkt wird. Selbst das beste und sicherste Erbrecht der Bauern vorausgesetzt — erhalten diese dadurch immer noch mehr, als ihnen ursprünglich zukommt, denn bekanntlich war vor dem 30jährigen Kriege die Anzahl der Hüfner in den Dörfern wenigstens doppelt so groß als jetzt, und die jetzigen Bauern, deren Aeckern die wüsten Hufen vielfach zugelegt wurden, nutzen dadurch wenigstens doppelt soviel als ihre Vorfahren.

Herr Wiggers (Vererbpachtung, S. 4) berechnet 70,259 erbstandsgeldpflichtige (60,259 stehen freilich nur gedruckt, aber 755 Halbhüfner mit je 174 bonit. Scheffeln ergiebt deren nicht 121,370, sondern 131,370, wovon nach weiterer Berechnung 10,000 mehr auf die erbstandsgeldpflichtigen fallen) Scheffel — während doch in den officiellen Vorarbeiten nur eben über 28,000 ermittelt sind, welche sich aber auch noch mindern werden, theils weil bei dieser Annahme ursprünglich nur 15,000 ☐R. resp. 120 bonit. Scheffel dem einzelnen Hüfner unentgeltlich gelassen werden sollten, derselbe jetzt aber 18,000 ☐R. behält, theils aber auch, weil besonders in den Aemtern mit leichterem Boden jetzt vielfach nachbonitirt und die Bonität bedeutend herabgesetzt wird. Das Wiggers'sche total falsche Raisonnement (Reform, S. 74) erfordert diesen Thatsachen gegenüber deßhalb kein weiteres Eingehen.

Derselbe kommt S. 71 ff. unter Annahme von 60,259 erbstandsgeldpflichtigen Scheffeln zu einem Gesammt-Erbstandsgelde von 1,849,325 Thlr., — und beim Hinzuzählen der von ihm übersehenen weiteren 10,000 Scheffel selbst weit über 2 Millionen hinaus. Da aber, wie wir eben gesehen, Herr Wiggers eine dreifach zu hohe Anzahl erbstandsgeldpflichtiger Scheffel voraussetzt, so wollen wir ihm selbst überlassen, hiernach das muthmaßliche Erbstandsgeld aufs dreifache herabzusetzen. Dann haben wir den richtigen Kaufpreis für mehr als 70 Millionen Quadratruthen Bauernland!

Nebenbei schiebt Herr Wiggers (S. 71) uns in die Schuhe, daß wir „incorrecter Weise" 6 anstatt 9 Ackerklassen unserer früheren Veranschlagung zu Grunde gelegt. Jeder Landmann wird ihm aber erklären, daß unsere 6 Classen von der Bonitirung ausgingen, welche allerdings nach wie vor nur 6 Ackerclassen enthält, Herr Wiggers verfiel also in den unerklärlichen Irrthum, die Bonitirung und Veranschlagung zu verwechseln! — Die Frage ferner (Reform S. 72 u. 73), ob die jetzige Veranschlagung von 1865 oder die frühere von 1855 höher geht, ist gegenüber den hier gewonnenen Resultaten wohl eine überflüssige. Wenn Herr Wiggers übrigens die erstere für höher hält, weil „in ihr in Bezug auf günstige Lage, erleichterten Absatz u. s. w. Zuschläge gemacht werden", so hat er wohl diejenige von 1855 überall keines Blickes gewürdigt, da dort im § 5 wörtlich dieselben Vorbehalte gemacht werden! Aber wer's nicht liest, kann's nicht glauben, mit welchem Leichtsinn Herr Wiggers Brochuren schreibt, durch welche „das Landvolk belehrt werden soll."

5) Auch eine Parcelirung der Bauerhufen ist in

nachstehender Weise vorgesehen. — Zunächst nämlich ist kein Bauer gezwungen, den nach Vorwegnahme der erbstandsgeldfreien Fläche verbleibenden Ueberschuß für das eben erörterte Erbstandsgeld zu kaufen, sondern kann dasselbe einfach an Großherzogl. Cammer zurückgeben, welche es dann, soweit daraus nicht anderweitige Bedürfnisse, z. B. für Gemeindezwecke, zu befriedigen sind, in passenden Abschnitten zur Begründung besonderer Brotstellen für herrschaftliche Rechnung veräußern wird. — Aber auch, wer eine werthvolle Hufe behält, kann mit Genehmigung der Cammer zwei verschiedene Besitzesstellen daraus machen, eine Stamm- und eine Nebenhufe, deren erstere aber regelmäßig mindestens 120, die letztere aber wenigstens 37½ bonitirte Scheffel, aushülfsweise selbst nur den Umfang einer Büdnerei, erreichen muß. Dabei bleibt ihm die Wahl, die Nebenhufe als Bestandtheil der Stammhufe oder als besondere Besitzesstelle zu behalten. Dann muß dieselbe aber spätestens binnen 2 Jahren nach der nächsten Veränderung in der Person des Besitzers bebauet werden. —

Man sollte meinen, daß Herr Wiggers wenigstens diese Bestimmung mit Freuden begrüßt hätte, aber (Reform S. 66, 67) „schon der Gedanke, daß eine Behörde die Verantwortlichkeit für die zweckmäßige Eintheilung der Parcellen übernehmen soll, erfüllt uns mit Schrecken. Welch' wirthschaftliches Unheil wird davon die Folge sein! Die größten Denker haben sich über die Frage vergebens den Kopf zerbrochen — — — — man bewillige deßhalb den Bauern freies Verfügungsrecht" u. s. w. Ja freilich, wenn die Weisheit der Bauern diejenige der größten Denker überragt, hat Herr Wiggers hier einmal Recht! Wie sehr er übrigens in den eignen Theilungs-Gelüsten der Bauern irrt, wird er daraus entnehmen, daß dieselben selbst zu der vorstehenden, von der Grundherrschaft selbst mit eignen Opfern beförderten (unten sub 8) Parcelirung nur in seltenen Ausnahmefällen sich bereit erklärt haben. —

6) Ein Kaufpreis für die Gebäude wird nur erlegt, wenn der Hauswirth 71 oder mehr bonitirte Scheffel an Ländereien hat, und zwar dann für jeden Scheffel über 70 bis zu 120 zwei Procent des zur Zeit der Vererbpachtung bestehenden Brandcassenwerths (also bei 120 und mehr Scheffeln letzteren voll), wobei jedoch die von den derzeitigen Hauswirthen selbst verwandten bedeutenderen Baugelder in Abrechnung kommen.

Herr Wiggers (Reform S. 90) bestreitet das grundherrliche Recht zur Wahrnahme einer Gebäude-Entschädigung überhaupt, weil die Gebäude Theile der Hufen und letztere erblich seien — wird aber, da wir oben das Gegentheil nachgewiesen haben, jetzt auch die umgekehrte Schlußfolgerung anerkennen müssen. — Derselbe meint ferner (S. 91), daß bei landschaftlichen Taxationen die Gebäude, als an sich werthlos, nie in Anschlag kommen — vergißt aber, daß es bekanntlich vielerlei Arten Taxationen giebt, und im Domanium bei allen Vererbpachtungen seit Anfang dieses Jahrhunderts diejenige gewählt ist, nach welcher die Gebäude ganz oder theilweise bezahlt werden. — Endlich behauptet er (S. 92), daß bei event. Erstattung der vollen Brandtare die Bauern ihre eignen baulichen Verwendungen ja mit bezahlten — weiß also nicht, was ihm jeder Landmann sagen kann, daß aus verschiedenen Gründen die Domanialbrandcassen-Versicherungen sehr niedrig sind, und kaum den Werth der grundherrlichen Verwendungen erreichen. — Aus welchem Rechte noch Herr Wiggers (S. 92) eine Entschädigung der Bauern für ihre künftige alleinige Uebernahme der Bauten herzuleiten vermag, muß er näher nachweisen, da bei uns der geringste Häusler aus eignen Mitteln sein Haus erhalten muß. Aber ersichtlich kömmt es ihm nur darauf an, den Leuten zu zeigen, wie gut — und wieviel besser als die humanste Staatsverwaltung — er es mit ihnen meint, wie glücklich er sie machen würde, wenn er eben nur mitzusprechen hätte!

Den herrschaftlichen Gewinn aus dem Gebäude-Verkauf berechnet Herr Wiggers (Vererbpachtung ꝛc. S. 7) auf 6,535,860 Thlr. — und überragt damit selbst den officiell ermittelten Gesammtbetrag des bäuerlichen Brandcassenwerthes von 6,321,890 Thlr. Nun sollen aber die Hüfner bis zu 70 bonitirten Scheffeln gar Nichts zahlen, und ist deshalb von 626 Achtelhüfnern (37½—74 Scheffel) fast gar Nichts zu erwarten; von 71—120 Scheffeln fallen auf jeden Scheffel nur zwei Procent der Taxe, demnach auf 979 Viertelhüfner (75—99 Scheffel) nur geringe, und auf 1555 Drittelhüfner (100—149 Scheffel) auch nur getheilte Erstattungen (Herr Wiggers setzt letztere zu voll an!). Dazu kommt, daß die angehenden Erbpächter den Ankauf überflüssiger Gebäude ablehnen dürfen, daß sie diejenigen, zu deren Bau oder Erhaltung erwiesen niemals irgend eine herrschaftliche Unterstützung gegeben, oder welche anerkannt nicht zum herrschaftlichen Inventar gehören, ganz unentgeltlich behalten sollen. An maßgebender Stelle (Meckl. Anzeigen von 1868, Nr. 125) ist gesagt, daß schon hiernach höchstens 4,214,700 Thlr. Brandcassenerstattungen zu erwarten sind, womit unsere eignen früheren durch specielle Berechnungen gewonnenen Resultate (Meckl. Anzeigen von 1868, Nr. 127 sub II.) im Betrage von 4,446,609 Thlr. fast übereinstimmen.

Aber noch ein wesentliches Moment tritt hinzu: daß nämlich den angehenden Erbpächtern, die während der eignen Besitzzeit auf bedeutendere Bauten verwandten Summen angerechnet werden sollen. Herr Wiggers (Vererbpachtung S. 7, Reform S. 76) rechnet diese Bestimmung gleich Null, wir selbst (Meckl. Anzeigen Nr. 127) sind doch wenigstens bis 326,250 Thlr. gekommen — die Großherzogl. Cammer dagegen reducirt nach neuerer Bestimmung zur Vermeidung zeitraubender Berechnungen den ermittelten Versicherungswerth in Anrechnung auf hauswirthliche Verwendungen jedesmal auf die Hälfte. —

Es bleibt also eine Totalaufkunft aus den Gebäuden von etwas über 2 Millionen Thalern.

7) Die **herrschaftlichen Hofwehren** werden nach der billigen Taxe von 1806, die Einsaaten nebst Ackerbestellung nach niedrigen Ansätzen von den Bauern bezahlt.

Wenn Herr Wiggers (Reform S. 93) ohnehin schon frühere Eigenthumsrechte der Bauern daran behauptet, so haben wir ihm das Gegentheil jetzt bereits nachgewiesen. Im Uebrigen beträgt die vor einigen Jahren officiell ermittelte Hofwehrtaxe von 1806 1,525,824 Thlr. — etwa ein Drittheil des wirklichen Werthes, und die nach neuerer Bestimmung sehr niedrig zu veranschlagenden Aufkünfte für Saaten nebst Bestellung, ergeben selbst nach gegnerischen Berechnungen (Meckl. Anzeigen 1869, Nr. 111) nur 600,000 Thlr. Herr Wiggers (Vererbpachtung S. 8) will hier 1,930,112 Thlr. und 965,056 Thlr. für die Grundherrschaft herausschlagen! —

8) Der **Canon wird capitalisirt**, d. h. in Grundlage der neuesten Veranschlagungs-Principien von 1865 (mit Nachträgen) ermittelt, zum 25fachen Betrage in eine Capitalsumme umgesetzt, und diese mit 4 % vom Erbpächter verzinset. Bei Abzweigung einer Nebenhufe (oben unter 5) wird die bei Veranschlagungen übliche Vergütung für kleinere bis zu 150 bonitirten Scheffeln gehenden Stellen, der s. g. Hufenstandsrabatt von 1 bis 20 Procent, jeder einzelnen Stelle, also in erhöhetem Maaße, gewährt.

Durch diese zu verzinsende Capitalsumme werden die jetzt auf Erbpacht gehenden Bauern ungleich günstiger gestellt, als die bisherigen Erbpächter. Denn letztere entrichten bekanntlich als

Pacht den Roggen-Canon, welcher immer nach 20jährigen Durchschnittspreisen neu regulirt wird; es kann aber geschehen, daß wenn in den letzten 20 Jahren das Korn theuer war und der hiernach für die nächsten 20 Jahre ermittelte Canon nun hoch wird, grade in letztere eine Reihe von Mißernten fällt, welchen Falls der höhere Canon um so weniger an seinem Platze ist. Dies aber schadet wieder dem Credit, denn wer will auf eine so schwer belastete Stelle Etwas leihen, event. dieselbe kaufen? Hiergegen sind aber die jetzt angehenden Erbpächter durch Verzinsung einer festen Capitalschuld gesichert.

Herr Wiggers berechnet nun (Vererbpachtung S. 9) den hieraus für die Grundherrschaft resultirenden Capitalgewinn, er thut es in einer Weise, als ob es sich hier um einen reinen Profit handele, was doch überall nicht der Fall, weil jene ja bis jetzt schon anstatt der künftigen Zinsen der angehenden Erbpächter die ebensoviel betragende Pacht der bisherigen Bauern bezog — und er wird, nachdem wir (Mecl. Anzeigen 1868 Nr. 127 sub V. 2) hierauf aufmerksam gemacht haben, recht erbost über unser Beginnen (Reform S. 71, 79). Dadurch macht er aber seine undeutliche Schreibweise nicht wieder gut. — Derselbe tadelt (Reform S. 89) die im 25fachen Betrage, also auf der Basis eines 4procentigen Zinsfußes geschehene Capitalisirung, und meint, daß ein 20facher, also 5procentiger Ablösungsmodus genügte, weil ja die Grundherrschaft nach jetzigen Conjuncturen ohne Mühe zu 5 Procent ihre Capitalien anlegen könne — vergißt aber dabei, daß jene ja die capitalisirten Canon-Summen nicht anderweitig zu 5 Procent unterbringt, sondern sie grade den schuldnerischen Erbpächtern zu 4 Procent läßt. Ich erhalte und verliere denn doch wahrlich keinen Heller mehr oder weniger, wenn ich für 25×100 Thlr. 4 Procent, oder für 20×100 Thlr. 5 Procent Zinsen beziehe oder geben muß.

Den Hufenstands-Rabatt endlich rechnet Herr Wiggers (Vererbpachtung S. 6) für Nichts — doch bedarf es gewiß keiner Darlegung, was ein Abzug bis zu 20 Procent bedeutet.

9) Die bisher üblichen contractlichen Bedingungen sind aufs äußerste Maaß herabgesetzt. Das neueste bereits wesentlich vereinfachte bäuerliche Contracts-Formular von 1864 zählt noch 34 Seiten — das jetzt für die angehenden Erbpächter bestimmte deren 8.

Insbesondere sind sämmtliche Beschränkungen in Bewirthschaftung und sonstiger Benutzung des Grundstücks, z. B. beim Torfstich, bei Einrichtung von Miethswohnungen u. s. w. nicht wieder aufgenommen. Die grundherrlichen Cautelen sind gefallen, von administrativem Executionszwang findet sich kein Wort. Laudemialgelder bei Veränderungen in den Personen der Landesherren und der Besitzer werden nicht mehr gezahlt. Für die Abgaben und Leistungen des öffentlichen Rechts sind anstatt der bisherigen Anordnungen der Verwaltung gesetzliche Bestimmungen schon in Arbeit. Die anfänglich beabsichtigten Vorkaufsrechte für Blutsverwandte, Gemeinde und Gemeindeglieder sind nachträglich gestrichen; die Großherzogl. Kammer hat freilich ihr Vorkaufsrecht reservirt, deckt jedoch, wenn sie im Concurse gegen einen Käufer, der zu den intabulirten Gläubigern gehört, davon Gebrauch macht, dessen etwaigen Verlust an eingetragenen Forderungen. Die Gebührensätze bei Besitzesveränderungen in Verlassenschafts-, Concursfällen, und beim Uebergange auf Blutsverwandte werden nicht mehr erhoben, ebensowenig diejenigen für die erste Zuschreibung der Grundstücke angehender Erbpächter zu Grund- und Hypothekenbuch. — Beibehalten sind wesentlich nur die Parcelirungs- (vgl. jedoch oben unter 5) und die Consolidationsverbote, ebenso das Erforderniß landesherrlicher Anerkennung der Besitzer.

Daß Herr Moritz Wiggers dagegen überall keinen Contract, sondern freies Eigenthum und unbeschränkte Parcelirungsbefugniß will, haben wir schon oben (unter 1 und 5) beleuchtet; im Uebrigen handelt es sich dabei um vielbestrittene Principienfragen, die nicht hierher gehören. Die eben erwähnten gesetzlichen Bestimmungen über die öffentlichen Leistungen der Erbpächter rechnet ebenderselbe (Reform S. 63) für Nichts, so lange nicht unsere Verfassung geändert sein wird, gebraucht also die Vererb=pachtung als Hebel zu politischer Agitation! Er beklagt (S. 64) den mangelnden Credit der Erbpächter — doch haben bekanntlich hauptsächlich nur die s. g. Oeconomen, welche mit wenigen tausend ersparten Thalern werthvolle Erbpachthufen kaufen und sich von vornherein in Schuldenlast befinden, und ferner die Erb=pachthöfe, größere Stellen meist leichten Bodens, deren Bewirth=schaftung unverhältnißmäßige Kosten verursachen, darunter zu leiden, während diejenigen eigentlichen Bauern, welche schon früher — und zwar unter nicht ganz so günstigen Bedingungen, als die jetzigen — auf Erbpacht gegangen sind, wenig davon spüren. Eine desfallsige genaue statistische Zusammenstellung würde bald die entgegengesetzte Ansicht widerlegen. — Endlich soll (Reform S. 65) der Vorbehalt landesherrlicher Anerkennung schaden — derselbe erscheint jedoch wesentlich nur als eine nothwendige An=deutung des fürstlichen Obereigenthums, und wird umsoweniger Scheu erregen, als die früher damit verbundenen Laudemial=gebühren jetzt gestrichen sind.

Besonders eingehend werden in den neuen Erbpachtcontracten die Creditverhältnisse ihrer Besitzer geregelt. — An erster Stelle in den Grund= und Hypothekenbüchern und ohne Parität mit an=deren Posten wird der capitalisirte Canon (oben sub 8) eingetra=gen, welcher auch, abgesehen von Concursfällen, unkündbar ist, bis etwa die Landesherrschaft solche allgemeine Kündbarkeit ver=

maleinſt ausſprechen und regeln ſollte. — Unmittelbar dahinter ſoll die Capitalſchuld für Erbſtands-Gebäude-Hofwehrgelder (oben sub 4, 6, 7), ſowie aus früheren Rückſtänden und ſonſtigen Forderungen der Domanial-Verwaltung in einem einzigen Geſammtbetrage intabulirt werden. Der Erbpächter kann hiervon zu den landesüblichen Terminen kündigen; um ihn jedoch nicht hierzu, und gleichzeitig zum Herausziehen ſeiner anderweitig belegten Capitalien zu veranlaſſen, iſt dafür Sorge getragen, daß jener bequem durch langſame Amortiſation und ohne drückende Zinſen allmälig dieſen Poſten tilgen kann. Er muß nämlich zwar 5 Procent geben, doch werden hiervon nur 4 Procent als wirkliche Zinſen berechnet, und 1 Procent mit Zinſen und Zinſeszinſen dem Capitale als ſ. g. ſinkenden Fond abgeſchrieben. Der Erbpächter müßte alſo ein ſchlechter Rechenmeiſter ſein, wenn er andere auswärts nach jetzigen Conjuncturen zu 4½ bis 5 Procent belegte Capitalien einziehen wollte, um dadurch auf einmal jenen ihn nicht drückenden Poſten auszuzahlen. Die Kammer dagegen reſervirt ſich ihrerſeits das Kündigungsrecht nur für den Fall, wenn Erbpächter mit einer Zahlung an Zinſen oder zum ſinkenden Fond in Verzug geräth. — Aufs Aeußerſte iſt alſo dafür geſorgt, daß keine einzige Capitalzahlung den angehenden Erbpächter in Verlegenheit ſetzt. — Bei Abzweigung von Nebenhufen (oben sub 5) wird der capitaliſirte Canon je nach dem Anſchlag der einzelnen Stellen auf dieſe vertheilt; alle Forderungen mit ſinkendem Fond ſollen dagegen regelmäßig auf die Stammhufe gelegt werden, außer wenn dieſe dadurch zu ſehr belaſtet würde.

Wenn Herr Wiggers (Reform S. 60) hiergegen einwendet, daß die allein von der landesherrlichen Gnade abhängige Kündigung des capitaliſirten Canons den Erbpächter zu unſicher ſtellt, ſo bedenkt er nicht, daß unſer Landvolk ſich bis jetzt bei ſolcher Gnade ſehr wohl befand, und ſelbſt im Kündigungsfall in jene erste Hypothek leicht wieder anderes Geld zu schaffen sein wird. — Wenn derselbe ferner (S. 83) meint, daß es in Nothfällen dem Erbpächter schwer sein wird, hinter den sämmtlichen herrschaftlichen Capitalien noch Geld aufzutreiben, so ist dagegen zu berücksichtigen, daß Erbstands- und Gebäudegelder (oben 4 und 6) meistens nur in sehr abgemindertem Betrage wahrgenommen und den vollen Werth der Hufen nicht absorbiren werden. Auf alle Fälle ist übrigens in neuester Zeit bestimmt, daß jedem angehenden Erbpächter auf seinen Wunsch gestattet sein soll, unmittelbar hinter dem capitalisirten Canon für sich einen Posten bis zur Hälfte desselben eintragen zu lassen — wodurch die übrigen grundherrlichen Forderungen für Erbstand u. f. w. also zurücktreten.

10) Vergleichen wir jetzt zum Schluß, nachdem wir die wesentlichsten Punkte der Vererbpachtung erwogen haben, das **Gesammtresultat der Wiggers'schen Berechnungen und dasjenige der Wirklichkeit**, so sehen wir:

der **Capital-Gewinn der herrschaftlichen Kassen** beträgt nach Wiggers für ersparte Verwaltungskosten (oben sub 3) 10 Millionen, während wir noch gar keine Rechnung darauf zu machen vermögen. Für Erbstand berechnet jener (sub 4) mehr als 2 Millionen, wir gewinnen nur den dritten Theil — gewiß eine verschwindend kleine Summe für mehr als 70 Millionen Quadratruthen Bauernland. Die **Gebäude** (sub 6) sollen nach Wiggers 6½ Millionen abwerfen, während doch nur etwas mehr als 4 Millionen, und in Folge neuerer Ermäßigung nur wenig mehr als 2 Millionen herauskommen, obgleich sie selbst nach der niedrigen Brandtaxe mehr als 6 Millionen werth sind. Die nach Preisen von 1806 berechnete **Hofwehr** (sub 7) erreicht mit 1½ Millionen nur etwa den dritten Theil ihres wirklichen Werthes, Herr Wiggers bringt es hier doch auf fast 2 Millionen. **Saaten und Bestellung** (sub 7) ergeben höchstens 600,000 Thlr. gegen beinahe 1 Million des Herrn Wiggers.

An baulichen Verwendungen erspart die Grundherrschaft 1½ Millionen (Reform S. 77) und in Berücksichtigung der niedrigeren Forsttar-Preise wohl noch ½ Million mehr, verliert aber dagegen wegen Beschränkung künftigen Heimfalls der Bauerhufen 1 Million (Reform S. 85). Von den 22 Millionen des Herrn Wiggers ergiebt die Wirklichkeit wenig mehr als den vierten Theil! Aber selbst diese und ihr jährlicher Zinsertrag sind kein reiner Gewinn, denn das Hofwehrcapital wurde nach neuester Veranschlagung schon von den Bauern mit 2 Procent verzinst, so daß daraus bei der Vererbpachtung ein vermehrter Zins von nur 2 Procent resultirt. Und erwägen wir schließlich noch, daß die Grundherrschaft durch baare Capitalisirung des Canons (oben sub 8) in Zukunft die Vortheile der Canon-Regulirung nach conjuncturmäßig immer steigenden Roggenpreisen und damit jährlich viele Tausende und capitalisirt Millionen aufgiebt, so liegt wohl Nichts ferner als der Charakter einer bloßen Finanzoperation.

Als Gewinn der angehenden Erbpächter nennt Herr Wiggers (Reform S. 84) wesentlich nur den erweiterten Erbstand. Wir dagegen zählen noch dahin: die Sicherheit des Besitzes, welcher in Zukunft keine politischen und Verwaltungs-Angriffe mehr zu fürchten braucht, die Firirung des Canons und seine Unabhängigkeit von jeglicher Preisconjunctur, die Möglichkeit des Realcredits, die wirthschaftliche Freiheit, und manche andere bereits (unter 9) erörterte Vortheile. Solche Erbpächter sind wesentlich andere, als die bisherigen, und ihre dereinstige Hinüberführung zu wirklichen Eigenthümern wird nur ein kleiner Schritt sein.

Damit sind wir zum Schluß unserer Abhandlung gekommen. Ihr Zweck war hauptsächlich, die bis dahin nirgends eingehend erforschte frühere Geschichte unserer Bauern aus unseren Urkunden darzustellen. Daneben wollten wir aber auch Alles, was bis jetzt von verschiedenen Seiten über die Vererbpachtung geschrieben ist, in möglichster Kürze und Uebersichtlichkeit zusammenhängend wiedergeben, und dabei das Wahre vom Falschen trennen, um auch vielleicht weiteren Kreisen ein wirkliches Bild jener wichtigen Veränderung unserer bäuerlichen Verhältnisse vorzuführen. Wir sind glücklich, wenn uns dies wenigstens bei denen gelungen ist, welche — unbeirrt von Vorurtheilen der Politik — ein offenes Ohr sich erhalten haben für die Lehren der Geschichte und die Stimme der Wahrheit.